LA BARONNE

HITCH GIRL

expert em sedução

LeYa

Direção editorial: Pascoal Soto
Editor: Pedro Almeida
Assistente editorial: Marília Chaves
Tradução: Marli N. Peres
Preparação de textos: Camille Mendrot
Projeto gráfico e diagramação: Amanda Dafoe
Capa: Suria Scapin
Revisão: Gabriela Ghetti de Freitas

Dados Internacionais de Catalogação na Publicação (CIP)
(Câmara Brasileira do Livro, SP, Brasil)

La Baronne
Hitch girl : expert em sedução / La Baronne ; tradução de Marly N. Peres. -- São Paulo : Leya, 2011.

Título original: Hitch girl.
ISBN 978-85-63066-37-4

1. Amor 2. Autoconfiança 3. Autoestima 4. Mulheres - Psicologia 5. Relações interpessoais 6. Sedução - Aspectos psicológicos I. Título.

10-12772 CDD-158.2

Índices para catálogo sistemático:

1. Sedução : Relações interpessoais : Psicologia aplicada 158.2

2011

TEXTO EDITORES LTDA.
[Uma editora do grupo Leya]
Av. Angélica, 2163 – Conjunto 175
01227-200 – Santa Cecília – São Paulo – SP – Brasil
www.leya.com

LA BARONNE

Hitch Girl

expert em sedução

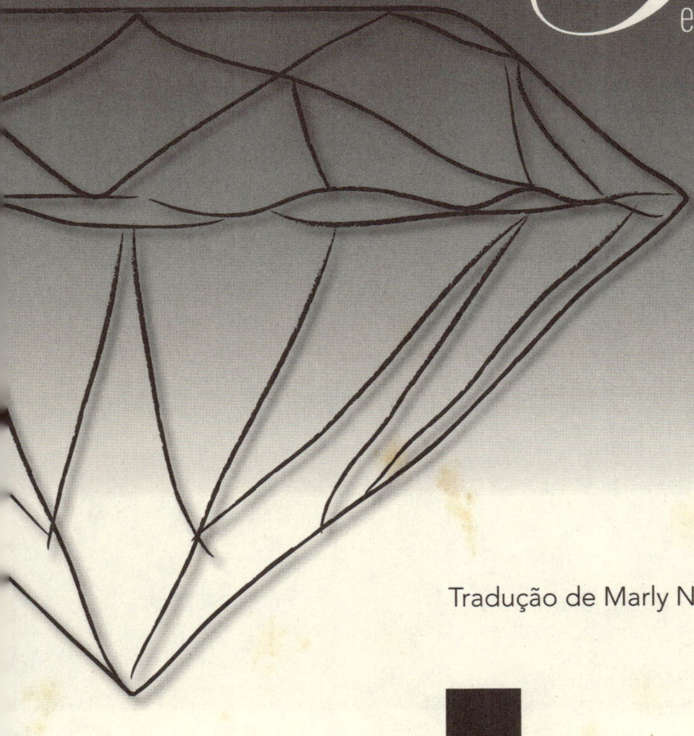

Tradução de Marly N. Peres

LeYa

prefácio

Em um mundo cheio de indiferença e agressividade, às vezes pode acontecer de todas as mulheres que têm olhos de metralhadora e um jeito matador se sentirem completamente desarmadas.

Nessa nova esfera de clima emocional, com a qual os tempos contemporâneos graciosamente nos presenteiam, é possível que o jeito das mulheres tenha mudado de maneira radical. Antigamente, elas tinham um olhar mais profundo sobre suas vidas emocionais. Hoje em dia, isso mudou, elas passaram a viver inseguras, histéricas, submissas e resignaram-se: "Deixemos de buscar o amor, pois mais dia menos dia ele acabará caindo sobre nós como num passe de mágica; deixemos de acreditar na felicidade, pois todo mundo sabe que ela é somente uma isca..."

Isto é o que pensam milhares de jovens no mundo inteiro. Solteiras em busca da sorte grande, do troféu que elas poderiam exibir e do luxo que elas poderiam experimentar.

Para elas, o amor é para poucos, somente um grupo selecionado e privilegiado, do qual elas provavelmente nunca farão parte! É verdade que elas até podem ter contas em Zurique ou palácios encantados, mas tudo isso não servirá para nada, pois "nada acontecerá se o Cupido disser 'não'!".

Elas podem parecer verdadeiras Cinderelas, mas isso também será em vão, porque a beleza não será suficiente para comover o coração e manter a paixão de forma duradoura – essas milhares de moças infelizmente ficam paralisadas se perguntando: "Mas o que deu errado? Tudo estava indo tão bem... Como nos contos de fadas que eu lia quando era pequena!"

Isso é realmente um fato, um vez que a falta de referências é o principal ingrediente dessa nova sociedade. Nela, a guerra dos sexos é declarada e nenhum gênero, masculino e feminino, se dispõe a abrir mão de nada. Então é preciso marcar seu território e começar a assumir um papel mais ativo dentro desse jogo do amor.

Da *lingerie* fina da Victoria's Secret, que é considerada uma potente arma de conquista, ao novo *gloss* frutado da Dior, que provoca as sensações mais prazerosas, a tendência *hype* desses novos tempos é justamente a sedução. Esse é um mercado que certamente fatura bilhões, mas cujo objetivo principal nem sempre tem fins pecuniários.

Eu sou a prova viva disso: uma nobre pessoa com um maravilhoso trabalho de consultoria especializada em sedução – o qual realizo há mais de três anos. Um trabalho que possibilita um novo olhar sobre a sedução e as relações humanas e deseja muito orientar cada mulher do mundo na direção de uma nova postura diante da vida – mais enriquecedora e mais livre, em tudo o que ela pode lhe oferecer.

Todas as mulheres que recorreram aos meus serviços tiveram a oportunidade de se dar conta de que não existe um manual de sedução especialmente concebido para a vida prática. E aprendem que, na verdade, os relacionamentos humanos, inclusive os amorosos, são meramente o resultado de uma lógica simples e da coerência mental. A partir dessa perspectiva, em que analisar os fatos comportamentais é sempre melhor do que ficar à merce da sorte ou do acaso, passa a ser superfácil e rápido entender como, para algumas pessoas como eu, as relações amorosas não passam de um mero jogo de Lego – aquelas peças de montar para crianças, em que primeiro você tem de consolidar uma base para só depois construir o brinquedo dia a dia. Se para muitos o amor ainda é um mistério... Para mim não passa de uma simples partida de pôquer! Blefamos, apostamos, jogamos com as cartas da mesa, espionamos... Arriscamos ou saímos do jogo — o que, para mim, é o que pode acontecer de pior...

La Baronne

O amor e a vida. Uma combinação engraçada, não é? Sofremos, penamos e nos excitamos. Mas, por que é assim? Por que insistimos nessa ideia de que só seremos felizes se formos "dois"? Por que ficamos paradas em cada esquina, esperando por um encontro que talvez mude nossa vida? Por que cada vez que arranjamos um namorado sonhamos em viver com ele diversas cenas dos mais melosos filmes de amor, como as de *Um Lugar Chamado Notting Hill*? Por que é que já imaginamos a declaração de amor, o pedido de casamento à mesa do restaurante da moda e a viagem de "felizes para sempre"? "Por que", "como"... Palavras curiosas que às vezes nos soam como um fracasso.

Palavras curiosas que a cada dia a distanciam daquilo pelo que você tanto luta nessa vida: a felicidade. Essa mesma felicidade que lhe desafia, negando-se a ser "sua" e que, estranhamente, acaba provocando lágrimas e um aperto no coração.

Provavelmente você já passou vinte oito das vinte quatro horas de um dia tentando decifrar esses mistérios amorosos, esses mistérios masculinos ou, de um jeito mais generalizado, esses pequenos mistérios da vida que lhe parecem ser somente a ponta do iceberg, quer dizer, só um indício de um problema realmente maior e mais complexo.

Apesar de toda essa sua busca por respostas, ainda assim tudo o que você conseguiu foi um mar de pontos de interrogação? Como se nadasse, nadasse, nadasse e morresse na praia? Acabando sem saber mais nada e sem entender toda essa ladainha do universo do amor.

Se esse for o seu triste caso – e certamente é, pois sem dúvida todas nós já passamos por isso –, permita que eu me apresente e fale de "nosso encontro", que já me deixa encantada! Pois o que você ignora, eu posso lhe ensinar.

E enquanto alguns só provocam suas lágrimas, o que eu mais quero é enxugá-las. Quero ajudá-la a decifrar os diferentes códigos do amor, os códigos da vida... Aqueles que lhe causam tantos tormentos.

Você é uma pessoa completa, dotada de desejos e vontades, além de atraente. Quero lembrá-la que foram alguns canalhas que a fizeram esquecer tudo isso, mas, tenha certeza, a felicidade também foi feita para você.

Quero criar um tipo de revolução social, incentivar uma nova tomada de consciência: as mulheres precisam exigir o respeito e a atenção que são intrinsecamente devidos a elas, mas que nem sempre lhes são concedidos. Tenho o objetivo de fazer a mentalidade feminina evoluir, inculcando minha expertise nas mulheres, conhecimento que foi adquirido em minhas diferentes experiências amorosas, profissionais ou simplesmente todos os talentos que desenvolvi de maneira intuitiva, como a psicologia humana e a sociologia.

Tendo a fazer uma análise da mulher de forma completa: seu modo de vida, os erros que comete e por que os comete. Toda pessoa anseia por seu próprio bem-estar e tem um intenso desejo de felicidade; mas o problema é o seguinte: as mulheres não sabem como alcançar a felicidade... Como chegar até ela. E é nesse sentido que eu intervenho, sou uma intermediária: aquela que une a mulher à sua felicidade.

Pretendo transtornar sismicamente uma certa mentalidade questionável que existe hoje em dia, exaltando o que chamo de "a revolução feminina". E ela é válida para todas as mulheres do mundo, independentemente da idade, da profissão, dos sonhos que elas criaram para si mesmas e das metas que elas criaram. Meu *savoir-faire* existe e está disponível para ser explorado. Amor? Amigos? Trabalho? Família? Moda? Beleza? De psicanálise eu entendo... As lojas, eu já percorri quase todas, ou pelo menos um bom número delas... Dos homens, eu conheço uma boa parcela... Por isso vocês podem me considerar um arsenal pronto para ser descoberto!

Eu lancei para mim mesma um desafio: modificar algumas vidas – não para me vangloriar, mas talvez, digamos, por generosidade. Espero sinceramente que você venha comigo e participe ao meu lado dessa grande revolução.

Por isso, seja bem-vinda à morada dos meus princípios de vida e da receita da felicidade feminina – ou devo dizer, simplesmente, da felicidade humana.

Eu sou La Baronne (reconhecida por minha nobreza, não de título – já que esse nome significa baronesa –, mas de ações, pensamentos, opiniões e emoções), mais conhecida como "*Hitch girl*, expert em sedução" para outras mulheres, pois nada é impossível, bonito demais ou caro demais para mim – e vou ensiná-la a criar sua própria felicidade, se você se dispuser a me escutar.

Sou uma mulher de personalidade forte e de pensamento poderoso. Tive um desenvolvimento precoce – desde minha mais tenra idade –, sou autodidata. E como uma ótima profissional do mercado – graças a Deus! –, nenhuma das empresas que ajudei a criar me jogou para escanteio depois. Faço um verdadeiro malabarismo entre as profissões de roteirista, *trader*, escritora, mulher de negócios, gerente de projetos e outras; e costumo levar adiante e concretizar tudo o que empreendo. Durante os últimos anos, o destino fez com que eu me dedicasse à consultoria, à motivação pessoal e ao *coaching* personalizado. Atividades muito enriquecedoras, que me permitem distribuir um pouco de generosidade e acelerar a cicatrização de feridas bem profundas, para não dizer claramente abertas, esfoladas. Uma profissão pela qual se impulsiona as pessoas para a vida, orientando-as em suas diversas escolhas. Uma profissão que exige que eu escute atentamente os relatos e faça uma análise rigorosa dos clientes que se apresentam. De fato, muito mais do que uma profissão, é uma responsabilidade – como a tocha olímpica, que você carrega com orgulho e que precisa ser levada com segurança até o seu destino.

Sou obrigada a admitir que aprecio essa responsabilidade. Gosto realmente desse dever e o encaro mais como um direito, quase um privilégio. A maioria de meus clientes é do sexo feminino – bem, na verdade, todas as minhas clientes são mulheres –, e eu gosto disso, pois assim encontro um tipo de solidariedade que não existe em nenhum outro meio. Gosto dessa confiança que elas depositam em mim, das diferentes possibilidades que se abrem à minha frente: impulsioná-las, reformulá-las, vê-las felizes. Sempre tenho em mente a preocupação de acalmar o coração de minhas companheiras, pois sei que, ao contrário de mim, elas não são dotadas da capacidade de resistir ao embate e, às vezes, nem de conseguir algo muito mais simples: manter o equilíbrio em qualquer tipo de situação.

Por isso elas não hesitam em me contatar para ajudá-las, seja para conquistar uma silhueta como a da Scarlett Johansson, fisgar o coração de um cara que as deixa malucas, repaginar seu *look* ou simplesmente resgatar seu moral. E hoje podemos dizer que chegou a sua vez! A nossa vez de trabalharmos juntas. E unidas seremos bem-sucedidas naquilo que, sozinha, você não conseguiu fazer, porque certos acontecimentos de sua vida a "engoliram" – mas que a partir de agora será diferente .

Com este livro, quero criar entre nós laços afetuosos que visam somente sua felicidade – pois com isso já ganharei minha paz de espírito. Quero fazê-la rir e sorrir; quero levantar seu moral e estar ao seu lado quando você estiver mal porque nada parece dar certo. Então, me encarregarei de lhe dar os melhores conselhos possíveis, para que sua vida se torne mais bela, que você desabroche e encontre o desejo e a força de vontade para se superar e realizar cada vez mais proezas.

Meu livro é breve e exigente ao mesmo tempo, pois acho que não há tempo para ficar andando em círculos, e, se ficarmos inventando problemas, deixamos escapar as melhores coisas da vida. Acho que você perde tempo demais com lágrimas, enquanto, para sorrir, "basta" querer lutar.

A todas as mulheres que realmente querem mudar o curso de sua existência, para torná-la melhor e muito mais enriquecedora; a todas aquelas que estão convencidas de que já é tempo de retomar o controle de suas vidas e de esquecer o pensamento derrotista (tão comum), para se adequar a um certo conjunto de regras que visam um crescimentos dos mais extraordinário, *Hitch girl* é ao mesmo tempo um conceito, um princípio e um objetivo: essencialmente alcançar a felicidade para as mulheres.

Hitch girl é o ícone da revolução que você decidiu iniciar comigo. Em primeiro lugar, uma revolução contra si mesma! Contra seus momentos de amargura, que a fazem mergulhar em uma condição comportamental da qual desgosta; contra as crises provocadas por um estado lunático que quase todas nós cultivamos; contra crises que provocam a regressão de cada uma de nós para a imaturidade, e que fazem você dizer: "Vá embora! Não quero ver ninguém! Não me perturbe, senão eu acabo com tudo!".

Essas pequenas crises que a deprimem, que a põem para baixo e a fazem ficar o dia todo na cama, assistindo *American Idol*, bem, me diga, você não acha que já chega?! Eu acho que sim! Já está na hora de usar a saída de emergência... É por isso que escrevi este livro! Já está na hora de tomar algumas medidas, nesse caminho de vida que você vem trilhando e que se revela bem comprido. Por isso, sente-se, desligue a TV e esqueça *Gossip Girl*, pois o mundo vai substituí-lo pela *Hitch girl*. Esqueça *Sex and the City*, Carrie Bradshaw não existe! Mas eu... Bem, eu sou real e estou bem aqui.

Minhas competências existem de verdade e estão às suas ordens, mas só terão valor e importância se você se dispor a acreditar nelas, anotá-las e assimilá-las. Essa é a condição *sine qua non* para que possamos mudar juntas o curso de algumas coisas. Você deve se comprometer a me dar carta branca e prometer desempenhar um papel ativo nessa revolução que decidimos criar juntas.

Essa revolução certamente vai exigir um investimento pessoal de ambas as partes, que somos nós duas, já que decidimos juntar forças. Você deve adotar, de cara, uma posição de combate e luta contra si mesma, contra essa alma caprichosa que a incita à fraqueza e que a submete à indiferença em relação à vida. O segundo passo é não se esquecer de que juntas também declaramos guerra a todos aqueles que se colocarem como um obstáculo ao seu sucesso pessoal: principalmente todos os homens desprovidos de respeito e fidelidade, que se aproveitam da fraqueza de algumas mulheres para desprezar sua dignidade e acabar com elas.

Há também todas as pessoas que dizem ser suas amigas e que, ao menor problema que você encontre, a abandonam, fugindo tão depressa quanto soldados covardes. Declaramos guerra a todas essas pessoas que lhe acham incapaz de construir robustas fortalezas, ainda que em simples domínios de sua vida; a todos os integrantes do seu mundo profissional que não enxergam suas ambições e fingem não perceber a existência de sua enorme competência. Declaramos guerra aos seus demônios internos, que se divertem às suas custas e a impulsionaram ao fracasso perpétuo. Declaramos guerra porque queremos paz!

Em um certo mês de julho, em um café à beira-mar...

Tive um encontro com duas amigas que são irmãs gêmeas e que eu nunca sei quem é quem. Qual é a Ana Clara? Qual é a Ana Cláudia? Unhas vermelhas ou vermelhas unhas... Tanto faz! O que importa é que uma delas está completamente desorientada, e a outra está tentando consolá-la. E eu estou aqui, tentando escutar, entender e analisar de maneira focada "o porquê" dessas lágrimas que vieram à tona de repente.

— O Felipe terminou com ela hoje de manhã por torpedo! – dispara a gêmea equilibrada, tentando consolar a irmã. E acrescenta que ele a traía há dois meses com a ex, Manuela.

"Meus Deus", pensei eu.

— Felipe? O Felipe? Aquele que era "O cara", o bom, o primeiro e único?!

— Ah, sim! – respondem as duas, com cara de "é isso mesmo", como se não quisessem acreditar que tudo aquilo era verdade, mas preferiam se enganar...

De repente, naquele exato momento – não sei por que –, tive um *flashback*. Era uma cena de alguns meses antes, quando minha pobre amiga (agora vítima) contava-me com alegria sobre os momentos de intimidade compartilhados com o (maldito) Felipe. Contou sobre as doces palavras que ele lhe dizia, e das quais ela se gabava orgulhosamente para as melhores amigas; mostrou a caríssima pulseira Swarovski que ele se dignou a colocar no pulso dela, em sinal da enorme afeição que sentia, e tantos outros detalhes encantadores que agora, nessa mesinha de um café, se revelavam, na verdade, enganadores.

E enquanto a gêmea abandonada parecia derramar pelos olhos todo o reservatório de água que compõe um ser humano, meu olhar se perdeu no horizonte... Senti um aperto no coração e uma terrível angústia. Eu me perguntei quantas mulheres estavam no mesmo barco, "feridas e arrasadas", e se elas tinham pelo menos um ombro amigo para acolhê-las e ampará-las, como minha triste (e desorientada) amiga nesse dia. E claramente me dei conta de que, naquele momento, estava diante de mim uma grande ferida que não podia ser reparada – isso me deixou doente, roxa de raiva; eu queria ser uma fada madrinha e poder satisfazer todos os desejos de minha amiga, ou pelo menos o mais importante agora: consertar seu coração partido.

Em vez disso, tive de juntar os cacos e varrê-los. Foram necessários três meses para que minha amiga começasse a se recuperar de tudo aquilo. Três meses tomando Red Bull, de manhã, à tarde e à noite; trocando duas vezes a decoração do apartamento (que agora é amarelo-limão e rosa-calcinha); lendo Platão e Cícero; secando às escondidas o novo vizinho, Samuel, pensando que a chegada dele ao prédio era um sinal e que talvez ele fosse "o homem de sua vida"; comprando dois peixinhos vermelhos que ela decidiu chamar de Clauduca e Samuca – sabe-se lá por quê! Após esses três meses, as coisas pareciam ter se acalmado e voltado ao normal. Então os dois peixinhos vermelhos, que na verdade não eram um casal, e sim duas fêmeas, fizeram Ana Claudia se conscientizar de que efetivamente Samuel não era o homem da vida dela; ela se deu conta de que Red Bull era perigosamente estimulante; que Platão era um pouco narcisista; e tomou a decisão categórica de se tornar decoradora.

Felipe já não fazia mais parte dos interesses de Ana Claudia, mas para mim ele continuava existindo... E talvez ele ainda nos "surpreendesse". Talvez naquele exato momento outra mulher estivesse em lágrimas por causa dos atos irresponsáveis de Felipe e dos golpes premeditados de cafajeste inveterado que ele é.

Naquela época eu ainda não dava consultoria, estava no mundo dos negócios e do *trading*. Fechar contratos e saber a taxa do euro e do dólar eram as únicas coisas que "me importavam", mas depois dessa história do Felipe – e de tudo que me dei conta a partir dela –, passei a ter uma série de fortes anseios: fazer justiça, reparar as desigualdades e orientar todas as mulheres que precisassem de apoio. Essa consciência foi uma séria conclusão dos fatos; pois, a cada dia criado por Deus, nós tropeçamos em montes de moças às lágrimas, para não dizer milhares...

Talvez você já tenha passado por isso – será que ainda preciso ter dúvidas?! Saiba, então, que a causa dessas lágrimas não tem nada a ver com você, com a maneira como encara a vida ou com seus amores, e sim com aqueles que lhe jogam para baixo, sem entender que a única coisa que você deseja é a felicidade. Com certeza, você sonha com um anel no dedo (de noivado, é claro, um anel de diamante da Tiffany). Com certeza você se imagina lindamente vestida no Dia D; e quanto ao vestido de noiva, você o imagina de cetim e renda francesa, com um incomparável corpete (deslumbrante, é claro) por baixo. Você sonha com esse dia todas as noites. Você também o imagina e chora? Posso adivinhar, sem dificuldade, que um bom número de sujeitinhos já passou por sua vida, que você já deve ter dado apoio a muitos imprestáveis, já deve ter afastado muitos insistentes, já deve ter desejado muitos Gianecchinis, e que inúmeros pseudo-Cauãs Reymonds já devem ter lhe destruído com seus grandes bíceps. Você deve ter sofrido e se perguntado por quê. Você deve ter tentado encontrar respostas para as perguntas mais simples. Você tentou mudar sua personalidade, seu caráter, seu físico, sua maneira de pensar, de agir, de se vestir? Você acreditou, sem sombra de dúvidas, que o problema de sua relação amorosa era você mesma (e só você!)? Você achava que não merecia estar ao lado daquela pessoa maravilhosa, punha a mão no fogo por ele e estava cegamente apaixonada? Talvez você tenha sofrido terrivelmente e nunca mais tenha conseguido se refazer... Algumas vezes, as feridas são tão dolorosas que, depois disso, nada mais tem sentindo.

Eu entendo você – garanto que entendo –, e meu livro foi escrito justamente para curar suas feridas e permitir que você recomece a partir de outras perspectivas – perspectivas sadias e equilibradas. Quero que realizemos juntas seu sonho de simplesmente ser feliz. Um sonho tão simples, mas que seria maravilhoso se realizado. Estou aqui para ajudá-la. Não se preocupe, estarei ao seu lado nesse caminho.

Não existe uma definição de felicidade propriamente dita, pois cada uma de nós a imagina à sua maneira. Para algumas, sair às compras e voltar para casa com meia Daslu nas sacolas significa êxtase total; mas outras imaginam uma vida mais simples, ao lado do homem que amam, com os filhos Joaquim e Luíza, no novo apartamento de duzentos metros quadrados que acabaram de receber de herança, de uma tal tia Suzete que nem sequer se lembram de ter conhecido. Pouco importa o que você considera que seja a felicidade, e sim conseguir alcançá-la e tê-la ao seu lado por toda a eternidade.

A felicidade é uma conquista e, obviamente, o objetivo da vida é esse mesmo. Antes de tudo, é importante saber o que você mais quer no mundo e, depois, tentar conseguir isso. Pouco importa que algumas pessoas considerem seus desejos superficiais ou muito ousados. Seu sorriso depende principalmente de suas realizações, do que todas nós conseguirmos – pois isso vale para todas nós, mulheres. E ninguém pode se opor à própria felicidade, seja ela o que for, esteja ela onde estiver. Com o tempo, infelizmente nossos desejos ficam mais modestos, damos menos importância a eles, eu diria. Deixamos de lado os sonhos de juventude, que em geral são considerados muito fantasiosos, para trocá-los por desejos um pouco mais reais. Esquecemos o quanto queríamos ter participado de Woodstock e a enorme vontade que tínhamos quando éramos jovens de mudar completamente o mundo. Com o tempo, acabamos ignorando as incríveis baladas e noitadas superagitadas em um bar, para, no lugar delas, saborear a terceira temporada de *Grey's Anatomy*, sozinhas, embaixo do edredom da Hello Kitty, só porque, de vez em quando, temos a impressão de que o Dr. Shepperd está nos olhando de canto de olho. Acho isso triste, pois essa escolha de mudança de caminho, ao contrário do que se pode pensar, não é resultado do desenvolvimento da maturidade, mas de um abandono dos ideais que manifestávamos alguns anos atrás. Nossas mudanças de prioridades nasceram de uma fraqueza nossa, da incapacidade de agir que acabou gerando uma falta de vontade.

Aos vinte anos, podíamos nos candidatar para trabalhar na TV, imaginando sermos capazes de nos tornar uma repórter ou apresentadora famosa, conhecida no mundo todo. Mas, aos vinte e cinco anos, nos candidatamos à vaga de assistente de uma pequena revista de bairro. O que aconteceu nesse lapso de tempo que nos fez desviar tanto assim de nossos primeiros objetivos? Aos vinte anos você tinha garra, e aos vinte e cinco já a havia perdido. Os fracassos a levaram cada vez mais para o buraco. Sua confiança ficou pra lá de abalada. A falta de incentivo das pessoas ao seu redor realmente a afundou. E quem pagou por isso foi sua felicidade. Talvez seja preciso acordar para a vida, antes que chegue o ano de 2040 e você ainda esteja em frente dessa maldita TV, perguntando-se quem vai ganhar a 79ª edição do *Big Brother*, pelo neto do atual apresentador!

Quero lhe dar um chacoalhão, pois para ter sucesso na vida precisamos ter consciência; e para isso é necessária uma espécie de estalo que acenderá suas luzes de alerta e permitirá que você seja iluminada para sempre. Quero armar dentro de você um detonador que poderá provocar um grande "bum!"; quero lhe mostrar suas capacidades e revelar suas inumeráveis aptidões. Acho, sinceramente, que muita gente tem se permitido atordoá-la com palavras e atos estúpidos e de valia duvidosa, submetendo-a a situações repugnantes e ofensivas que a diminuem um pouco mais a cada dia.

Acredito que você não precise passar por todos esses aborrecimentos, e não há maneira melhor de combatê-los do que trabalhando comigo por sua paz interna. Você sabe que pode decidir por si mesma se as coisas vão bem ou não, pois somos nós que decidimos o que nos cerca, em qual ambiente queremos viver. Se as leis da vida estão caminhando em um sentido, elas podem muito bem passar a girar em sentido contrário. E de uma maneira bastante lógica, se barreiras que obstruem o seu caminho foram construídas e posicionadas aí, isso indica que elas também podem ser derrubadas, destruídas para deixá-la passar.

Você precisa entender que a infelicidade não é seu destino particular, e que ela não foi criada exclusivamente para você. Se você vive chorando e se magoando, está na hora de enfiar na sua cabeça que a partir de agora você vai superar qualquer obstáculo que se opuser à sua felicidade, e assim devolver à sua vida o sabor que é digno dela. Está na hora de você colocar uma pitada de orgulho e de narcisismo em si mesma. Está na hora de transformar-se em uma verdadeira e devastadora *Hitch girl*.

Está na hora das mulheres retomarem o poder e o controle de suas vidas, e eu estou bem aqui, para conduzi--las no bom desenvolvimento dessa ideologia. Carrego a bandeira da revolução, e este livro é o convite que faço a todas as mulheres: vamos à revolução!

"Vamos à revolução!"... Eis uma frase que nunca deixei de repetir às minhas clientes, dia após dia. Grosso modo, essa revolução simboliza a luta contra os próprios medos e a conquista dos objetivos que todas anseiam. Minhas clientes perceberam que eram fortalezas gigantes, e eu estou aqui para lhe mostrar que realmente não existe nada comparável ou tão formidável quanto isso.

Eu escutei e orientei mulheres que, para dizer o mínimo, estavam completamente perturbadas, mulheres que me pediam ajuda, como um último recurso. Você não imagina as responsabilidades que tive de assumir por elas, nem o tempo que despendi para analisar cada uma delas e suas vidas, de modo a poder traçar um plano de combate apropriado, levando em consideração suas preocupações e personalidades.

Tínhamos um pacto: eu ficava na vida delas até a realização de seus objetivos, e elas trabalhavam arduamente para conseguir isso. Vi com meus olhos as ruínas humanas que se transformavam, dia após dia, nas mais deslumbrantes formas de força e proeza. Como não ficar orgulhosa quando elas olham para mim, com lágrimas nos olhos, dizendo que modifiquei a vida delas? Sou obrigada a confessar que ficava muito lisonjeada, e a cada vitória que eu alcançava com minhas clientes, nós festejávamos com um suntuoso almoço, com direito a champanhe, em algum maravilhoso e luxuoso restaurante da cidade, desses onde a decoração e o *design* deixam qualquer reles ser humano boquiaberto.

Quantas lembranças! Recordo-me de um almoço em que fiz um desafio a uma delas. Um pouco antes, ela havia me garantido que já era capaz de abordar qualquer homem sem nenhum problema, e que poderia fazer isso na manha. Foi aí que eu pedi uma prova: que ela tentasse paquerar o dono do restaurante. E para selar o desafio, eu disse que, se ela conseguisse, daria como prêmio um bracelete de couro Louis Vuitton, que combinava direitinho com seu estilo *rocker*. Ela aceitou o desafio com grande alegria – e devo confessar que a conta do restaurante sofisticado mais a compra na Louis Vuitton sairam bem salgadas... Mas o importante foi que ela conseguiu e, consequentemente, eu também.

Formávamos uma equipe maravilhosa e eu não esqueço de todas essas clientes que tive. Todas elas, mulheres desorientadas, que não sabiam mais como dar um jeito na vida de casada ou simplesmente na própria vida enquanto mulheres. Elas vinham de todos os lados: eram bancárias, estudantes, desempregadas, professoras, relações públicas, garçonetes, executivas e até policiais. Mas todas elas visivelmente não tinham o controle da própria vida. Elas queriam mudar de vida, mudar a maneira de ser. Elas se achavam sem sal e sem açúcar só porque o gato que trabalha no bar em frente, e pelo qual toda a mulherada se derretia, nunca havia dito "oi" para elas, uma única vez sequer. E quando seus namorados as traíam, elas se perguntavam se não teriam sido a causa, se a culpa não era delas, se elas não tinham mimado demais os bonitinhos – e pensavam nisso enquanto ficavam totalmente largadas ao "Deus dará".

Lembro de uma moça que me marcou profundamente. Quando ela me procurou, eu nem podia imaginar que ela despertaria lembranças da minha adolescência. Seu desejo era dos mais simples: "Quero ser bonita". Quando eu era mais jovem, também queria ser linda. Acredito que todas as jovens queiram ser lindas, mas existem aquelas para as quais isso é um simples desejo e outras que sofrem por isso.

Minha adolescência foi das mais divertidas, cheia de risadas descontroladas e maluquices inocentes, que os jovens tanto curtem: matar aula para ir tomar sol na quadra do colégio, falar para os pais que vai dormir na casa de uma amiga para poder sair com o namorado de uma de suas rivais... e um monte de outras bobagens que nos marcam para sempre. Mas, ao mesmo tempo, eu tinha um sonho secreto: "Ser bonita e, então, ser amada". Um sonho que eu nutria um pouco mais a cada dia, assistindo a *Melrose Place* e às fantásticas proezas de Amanda Woordward. Eu vivia através dela.

Eu era adolescente e apesar dela só existir em uma pequena televisão, daquelas de tubo, com cinquenta centímetros de largura, eu via a personagem de Amanda como um modelo e uma mentora. Ela era admirada, amada, respeitada e paquerada por todo mundo, e ainda tinha uma carreira profissional estável, o sonho de qualquer mulher! Mas naquela época eu não era uma mulher, e sim uma menina. Estava longe de ser o mulherão com o caráter e o córtex cerebral temidos que eu tenho hoje –

ainda bem! Naquela época, eu era uma criança com o cérebro do tamanho de um amendoim e um gosto bastante duvidoso para roupas. Nunca teria me atrevido a abordar um garoto para dizer que gostava dele, pois a imagem que eu tinha de mim não me permitia fazer isso.

As coisas mudaram consideravelmente, hoje tenho tudo o que desejo, sem exceção: sou feliz! E resolvi dedicar-me à consultoria justamente para ajudar as mulheres de todo o mundo a adotar uma nova postura de vida, e a conquistar a paz interior. Mas imagine como fiquei perturbada e qual foi a minha cara, ao receber em meu escritório uma adolescente frágil, pesando uns quarenta e cinco quilos, toda suada, usando um boné vermelho e um moletom. No *e-mail* que ela havia me enviado, ela dizia que queria ser bonita, simplesmente. Mas, no nosso encontro, a frase dela mudou rapidamente para: "Quero ser melhor". Ela era estudante, tinha uns quinze anos, ou seja, era menor de idade, não tinha nenhuma renda para me pagar e com um simples olhar dava para perceber que seria necessário um trabalho intenso de pelo menos dois meses. A primeira etapa seria cuidar da personalidade dela, daquela cabecinha, de seu jeito de ser; e a segunda, dar uma bela repaginada na menina!

Desde que começara a trabalhar como consultora, tinha consciência da grande responsabilidade que as mulheres me confiavam e tudo corria às mil maravilhas. De certa forma, nós fazíamos uma troca e juntas desenvolvíamos um trabalho comum, como uma verdadeira equipe.

Mas aquela menina não parecia entender meu método de trabalho nem ter noção de como ele funcionava. Eu tinha a impressão de ser como uma fada madrinha para ela, capaz de resolver tudo com um simples toque da varinha de condão.

Ao me procurar, ela colocou sua frágil vida de criança em minhas mãos. De fato, ela trouxe minha adolescência à tona, ao se atrever, de maneira inconsciente, a me desafiar a não repetir tudo aquilo que, quinze anos antes, eu havia estragado. Precisei de sete dias para tomar uma decisão categórica e pensar no que fazer com aquela adorável menina. Só depois do sétimo dia é que consegui chamá-la para explicar que, devido ao fato de ela ser muito jovem, eu não podia permanecer o tempo todo ao lado dela, como fazia com as minhas outras clientes, mas que eu entendia o desafio do caso dela e me dispunha a acompanhá-la e aconselhá-la por MSN, *e-mail* e torpedos.

No começo, ela não sabia nem o que era a Zara, mas hoje ela conhece até a Doc Dog e a Clube Chocolate. Fiz dela uma *Hitch girl* em desenvolvimento e estou superorgulhosa. Em uma consultoria a distância, percorremos lojas pela internet, eu a incentivei ir ao meu *hair stylist*, a incentivei e a aconselhei na sua vida de adolescente: desde a escolha dos namorados,a pensar melhor na opção do vestibular... E quando perguntei o que ela queria fazer no futuro, eis o que respondeu: "o seu trabalho". É engraçado, e mais incrível ainda é que daqui alguns anos, ela será, sem dúvida alguma, capaz de me dar umas lições. Uma bela volta por cima para ela, para mim, para nós, para todas as *Hitch girls.*

Para uma Hitch girl, a vitória é necessária e importante. Winston Churchill dizia aos seus soldados, na Segunda Guerra Mundial, que a sobrevivência era inútil se não fosse coroada com a vitória. Eu concordo e uso essa frase e esse pensamento no meu trabalho. As mulheres que me procuram estão profundamente perturbadas, desequilibradas, atormentadas. Como viver tranquilamente se temos a impressão de estar enfrentando uma terrível catástrofe?! Mesmo para acontecimentos inofensivos, essas mulheres sofrem intensamente, por isso é imprescindível que elas tenham sucesso, para se sentir vivas e felizes. Elas buscam certo equilíbrio de vida que, lá no fundo, nos reconforta e, inconscientemente, nos afirma que tudo vai bem, sem que sequer precisemos nos questionar. Elas voltam a ter os pés no chão e, por meio de seus questionamentos, vencem batalhas.

Todo mundo diz que os gatos têm sete vidas, mas nunca ninguém comenta sobre as vidas das mulheres, que também são tantas. Nós, a cada primeiro dia do ano, de relação fracassada ou de amizade rompida, queremos viver outra vida, novinha em folha! Gostaríamos de poder apagar o passado, os acontecimentos que só nos desgastaram, os momentos da nossa vida de perdedoras. Lamentamos ter conhecido aqueles idiotas que, um pouco antes de nos levarem à depressão, eram terrivelmente diferentes. "Esse é o homem da minha vida", dizemos todas as vezes à nossa melhor amiga. Lamentamos os caminhos tortuosos que seguimos. E ainda por cima, a cada vez mais e mais, nos repreendemos por ligar para o imbecil de novo, por convidá-lo novamente para sair e pelo vazio que se cria então, afinal ele não fez – como já esperávamos – uma declaração de amor melosa, dessas de filme hollywoodiano! E não foi só isso... Ele se mostrou indiferente – o que é bem pior que ser diferente! Caramba! A gente se sente mal... Sempre os mesmos erros, mais parece uma fatalidade, um azar que não desgruda da gente! E como nós achamos que somos equilibradas, adultas, empreendedoras e responsáveis, a cada início de ano ao fim de cada relação fracassada fazemos as mesmas promessas, tudo de novo: uma nova vida. Zeramos o contador, mas percebemos bem mais tarde que os numerinhos não se mexeram. Todas as vezes realmente acreditamos em um recomeço, mas sempre acabamos nos perdendo no meio do caminho.

Mas vendo as coisas por esse ângulo, em que consideramos o tempo como um fator decisivo para a conquista de nossa felicidade, seria preciso "ter um particular" com o nosso passado e dizer para ele parar de nos assombrar com todos esses ex, que foram desastrosos demais, e com todas essas chateações, que parecem ser perpétuas, pois assim o passado nos intoxica e nos sufoca. Desse modo, ao desafiá-lo, damos um passo para o futuro da nossa história de vida.

Sim... Eu sei perfeitamente que tudo isso não é uma tarefa fácil; nós temos mil dúvidas que se misturam com remorsos e que se somam aos desejos e aos arrependimentos. Existem todas aquelas pessoas que nos perturbam e aqueles caras que nos fazem sonhar; existe a Gisele Bündchen, que nos mata de inveja; além daquele sapato de verniz Manolo Blahnik ma-ra-vi-lho-so que vimos na semana passada; sem falar da Aline, nossa ex-melhor amiga, em quem tropeçamos hoje de manhã, tomando um café expresso com seu futuro marido, Bruno, que parece um deus grego. Drama!

Aline está noiva. Ela mostrou com orgulho o diamante no dedo, um anel da H. Stern – a infeliz fez questão de complementar! Você já teve um ataque cardíaco com a notícia? Não... Para isso ela ainda teve de anunciar o local chiquérrimo do casamento: Mônaco; e dizer que os convites foram escritos com fios de ouro e que convidou, entre grandes celebridades, Lagerfeld e Gaultier. Nesse exato momento, eu não precisaria de mais nada para matá-la com as minhas próprias mãos. Mas então nós nos lembramos que somos maduras e adultas e, em vez de derrubar sem querer a xícara de café inteirinha nas compras da Dolce & Gabbana de sua (ex-)amiga, você vai desejar a ela os mais "sinceros" votos de felicidade, esperando ansiosamente que ela se digne a convidá-la, e que você possa, nesse evento tão aguardado por ricos e colunáveis – e consequentemente pelas colunas sociais –, conhecer um rapaz jovem e bonito, tipo Brad Pitt, mas que ainda não tenha se dado conta do poder que exerce sobre as pobres mulheres mortais e que, portanto, aceitará com prazer fazer-lhe companhia durante toda a maravilhosa festa.

Bem, voltando ao planeta Terra e ao café em que vocês se encontraram, chega o momento da despedida e aquela desgraçada, que já foi sua melhor amiga, de repente faz um comentário justamente sobre por que vocês não são mais amigas – sem nem sequer chegar perto de abrir a boca para convidá-la, ao contrário do que, por alguns segundos, você tinha sonhado. Ela simplesmente vai embora depois de um "Espero vê-la em breve!", dito com um sorriso sarcástico nos lábios. Sempre tão demoníaca e altiva. O que lhe leva à dura constatação de que você não mudou nada, aliás a "queridinha" fez o favor de comentar:

— Mas você ainda tem a mesma cara que tinha na época do colégio. Não mudou nada, isso é incrível!

Realmente... Naquela época você tinha espinhas na cara toda, enquanto ela mais parecia uma bonequinha de porcelana (suspiro...).

A cerimônia está marcada para daqui a doze dias, vai ter gente bonita, bem-casado e fogos de artifício, e você não foi convidada. Parece, sem dúvida, muito superficial; talvez muitos digam que é realmente um exagero da sua parte, mas essa noite você vai para casa completamente desolada. Sozinha, você começa a resmungar enquanto revira a casa tentando encontrar velhas fotos do colégio, para confirmar se a sua cara mudou ou não.

Quanto mais as horas passarem ao longo dessa noite, mais você vai analisar esse encontro que foi tão rápido e surpreendente. A notícia caiu como uma bomba! Você analisa a vida atual de Aline e a compara com a sua, que está longe de ser tão deslumbrante e idílica quanto a dela. E constatando quão "comunzinha" é sua vida, é normal associá-la a uma espécie de derrota. Seus pais não facilitam sua vida, deixando claro que eles já a consideram uma solteirona encalhada, cujos anos dourados já passaram; e as propagandas bombardeando o tempo todo com a mensagem de que existe amor à primeira vista quase acabam com você. Nesse dia, só faltava mesmo sua ex-melhor amiga para te deixar de água na boca, plantar tristeza na alma e dúvida no coração.

Quando chegaria a sua vez?! Aos vinte anos, achou que o homem da sua vida era o Miguel, mas um ano depois ele deu para trás; aos vinte e cinco, você pensava ter encontrado no Júlio tudo aquilo que sempre procurou, mas, depois de uma reviravolta do destino, você percebeu que tudo não passou de esforços em vão. Hoje, aos trinta e um, você não sabe de mais nada... Podemos dizer que você está comple-ta-men-te perdida! Você manda um *e-mail* para o seu chefe, dizendo que adoeceu; foi ao médico que não poderá trabalhar nos próximos dias, pois lhe deu uma licença para ficar em repouso. Você, então, procura em sua agenda de contatos alguém em quem possa confiar, para desabafar e se acalmar. Mas, apesar dos 279 números ali gravados, você se dá conta de que nenhuma daquelas pessoas realmente conseguirá ajudá-la.

"Com certeza todas essas pessoas já devem estar superocupadas cuidando dos acontecimentos extraordinários de suas vidas..." Isso é o que você pensa, mas está redondamente enganada. Na verdade, cada uma delas está mergulhada em uma vida das mais insossas, ao contrário do que deixam transparecer.

Nessa noite, achando que é a pessoa mais perturbada e machucada deste mundo, decide navegar pela internet, à procura de alguma coisinha que possa acalmar seu ódio contra a vida. E, então, sem saber mais o que fazer encontra o meu livro. Você colocará sua vida e seus tormentos em minhas mãos, para que eu me dedique, como uma autêntica fada madrinha, a fazê-los desaparecer e ajudá-la a seguir em frente. Atrevo-me a dizer que sua licença de quinze dias do trabalho veio bem a calhar, pois quando você me fala dos problemas íntima e diretamente ligados ao feliz evento de sua ex-amiga, eu nem pisco antes de garantir que nós vamos simplesmente arrasar nessa maldita festa de casamento!

As pessoas não entendem que a felicidade não lhes será entregue de mão beijada, e que é preciso procurá-la e torná-la realidade. Pouco importa se sua amiga tenha ou não lhe feito o convite, você está com vontade de ir ao casamento? De encontrar pessoas bonitas? De brindar com gente supersimpática que estranhamente você não conhece? E, por que não, conhecer o homem da sua vida? Então é melhor se mexer: vamos às compras para encontrar o que usar e pensar em como surpreender a todos na festa.

Se existe uma coisa que aprendi na vida é que é preciso saber ousar. A liberdade, quer seja de ação ou de pensamento, a gente agarra e exerce, não pede.

Pense por este lado: você realmente acha que é a morte ir "de penetra" no casamento de sua ex-melhor amiga e aproveitar o ambiente, a música e a festa? Talvez você concorde com esse ponto de vista. Mas, seguramente, a maioria das mulheres é taxativa:

— Quando tudo está dando errado, é muito difícil tomar certas decisões.

Você tem razão, isso de que é difícil resolver algumas coisas é fato, às vezes, é preciso um trabalho a longo prazo para chegar a alguns resultados. Mas achar categoricamente que "tudo vai mal", isso já é outra coisa. Porque é só na sua cabeça que tudo vai mal; na vida real, os fatos concretos não têm nada de tão assustador. Como diria o jovem Cândido, do conto de Voltaire, "tudo vai mal até no melhor dos mundos". E às vezes seria ótimo poder se dar conta disso.

Não pense que essas minhas palavras cheias de sabedoria nasceram de uma inspiração passageira ou, ainda, que elas foram tiradas de algum livro de autoajuda com a única finalidade de impressionar a "plateia". Ao contrário, elas vêm de uma longa reflexão feita durante anos inteiros, aqueles que chamo de anos-luz. E se posso me orgulhar de ser uma perita, uma especialista, é justamente por causa da minha experiência. Inúmeras relações me permitiram reunir uma certa *expertise* amorosa.

Eu me apropriei dos mecanismos da sedução de maneira totalmente natural, simplesmente pela repetição de todas as minhas histórias. Pois mesmo que estas tenham sido diferentes umas das outras, ainda assim todas elas tiveram um começo, um meio e um fim. A longo prazo, a partir da conclusão que tiramos e do balanço feito após o término de cada relacionamento, somos capazes de constatar que algumas coisas funcionam melhor que outras. E quando um conhecimento se oferece generosamente a nós, sem sabermos o porquê, geralmente gostamos de compartilhá-lo.

É o meu caso! Mas eu nunca pensei, quando resolvi me dedicar à consultoria, que teria tantos pedidos, que minha caixa de entrada de *e-mails* ficaria entupida de mensagens e que os "obrigados" e os "por favor" seriam tão importantes para as minhas clientes. Para mim, seria um trabalho como outro qualquer, talvez com um leve toque de altruísmo e generosidade, mas um trabalho, simplesmente. Contudo, minha primeira cliente me demonstrou rapidamente o contrário, e num curto tempo eu já estava envolvida com o desespero humano. Todas as minhas clientes trazem esse desespero e, em troca, meu papel é o de dar compreensão, calor humano e esperanças palpáveis – simplesmente. Essa profissão é bonita, e eu gosto de minhas relações profissionais, pois elas são profundamente humanas.

Quando se é ou foi consultora, nada mais é como era antes. Você analisa tudo, a todo momento, mesmo quando não está trabalhando. Você deita um novo olhar sobre todas as pessoas com quem cruza. Na padaria, você vê um menino gordinho de dez anos e adivinha que ele vive comendo doces – logo fica tentada a orientar a mãe do garoto, e ensiná-la que a responsabilidade sobre a alimentação da criança é dela. O futuro dessa criança depende muito disso. Mas você se segura, pois ninguém pediu sua opinião. Ou você para num semáforo vermelho e vê um sujeito xingando a namorada, mas a única coisa que pode fazer é observar e se amaldiçoar por não poder ajudá-la.

Além disso, você também passa a adivinhar as coisas... Um monte de coisas: que o cara sentado ao seu lado no metrô é neurótico; que a garota de trança e vestido amarelo com bolinhas vermelhas está fadada a ficar solteira, e que o jovem ruivo de óculos, que trabalha na floricultura e escuta Beethoven o dia todo, compartilha sua alegria de viver com o novo amor que ele acaba de encontrar, um amor fulminante, que, aliás, deve ser ruivo também.

Quando se é consultora, parece mesmo que a gente tem esse dom desde criancinha – aliás, é algo que nasce com a gente – e para as outras pessoas você parece ser um super-herói. Preciso confessar, secretamente, que todas as manhãs, imagino ser uma super-heroína, a... Mulher-Maravilha. Que sensação incrível eu sinto quando imagino meu reflexo no espelho como se fosse o dela. Eu passo a ter um poder, o poder de salvar vidas! Está certo que eu não tenho uma capa... Mas tenho um casaco Burberry de duas mil pratas e botas Prada, que também custam bem caro e eles são devastadores. Tudo bem que eu não tenho músculos, mas em vez deles tenho um baita QI de 145 – um cérebro de gênio! E eu tenho uma enorme força de vontade, e quanto mais eu conheço as pessoas, mais minhas opiniões se tornam categóricas.

Por isso achei que tinha a obrigação de ajudar quem mais precisava, ou pelo menos quem estava pedindo. Para mim, ficou óbvio que eu tinha mesmo de reforçar o espírito de mulheres perdidas, frágeis, tão contidas e tão introvertidas.

Decidi que gostaria que minhas clientes tivessem um comportamento assim. Pretendia extrair delas uma agressividade sem igual e incitar uma ambição imensa. Queria fazê-las entender que o mundo e a crítica das pessoas que vivem nele pouco importam, e ajudá-las a mandar para o inferno os chatos e covardes que destruiram seus corações, fazendo com que elas derramassem toda a água do corpo, em forma de lágrimas. Ansiava que elas esquecessem o "todo mundo diz" e o "todo mundo quer", que est… presentes em suas vidas como verdadeiros obstáculos intransponíveis. Desejava que elas desconsiderassem o caráter detestável das pessoas, e em vez disso passassem a se ocupar da própria personalidade e da maneira de agir – o que é super-respeitável. Como tinha certeza de que elas podiam, decidi demonstrar a elas do que elas eram capazes.

Eu sabia que essa força estava escondida e que era preciso descobri-la. Por isso é que a cada dia eu exigia um pouco mais: àquelas que queriam conquistar um corpo dos sonhos, pedia que corressem vinte minutos a mais todos os dias, até passarem a correr duas horas por dia; àquelas que queriam esquecer seus ex, eu aconselhava que deletassem o número de telefone deles, apagassem as conversas no MSN, jogassem fora as fotos e destruíssem qualquer objeto que pudesse trazer lembranças deles, e mergulhassem de cabeça em uma nova atividade esportiva ou profissional. Eu exigia um monte de coisas porque sabia que elas podiam corresponder. E eu tinha razão de exigir tudo isso, pois todas as minhas clientes conseguiram atingir os resultados que desejavam.

Só para citar um único exemplo, vou falar de Marina, que tinha um objetivo bem claro: ter nas mãos o cara que ela cobiçava e desejava mais do que tudo nessa vida. Ela havia visto o filme *Hitch – Conselheiro Amoroso*, com Will Smith, e se lembrava de que ele era um "doutor *love*" que, ajudava as pessoas a conquistar o amor, entre outras coisas. Era isso que ela queria.

ão de consultora era bem mais profunda do bava todo problema de vida relacionado, eu ente em completo desacordo com seu corpo da que se estava vivendo. Mas é verdade que eu também podia jogar Marina nos braços do jovem rapaz cujas qualidades ela não parava de exaltar em cada consulta que tinha comigo. Claro que no começo de cada sessão eu sempre repassava toda a situação com minhas clientes, para checar em que ponto estava a coisa toda, fazendo uma análise e uma avaliação do processo.

É importante, quando você quer alguma coisa, avaliar os riscos da "aquisição" e os obstáculos ligados ao seu objetivo. Ou seja, no primeiro dia de encontro, durante duas horas, não paramos de falar desse bendito Davi – eu perguntando e Marina respondendo. Nesse caso, costumo sempre investigar que tipo de relação as pessoas envolvidas mantêm. Os meios de comunicação que eles utilizam (MSN, telefone, Facebook, *e-mail*...), os amigos que têm em comum, as paixões que eles podiam compartilhar e, claro, o estado civil do "alvo".

No caso de Marina, ainda bem, Davi era solteiro. A partir dessa informação, ela pôde pegar uma senha e entrar na fila para obter minha consultoria, pois mesmo tendo a capacidade de adquirir o que eu quero e de ajudar qualquer um na conquista de sua felicidade, eu preferia não passar por cima da regra da ética, digamos assim, no que diz respeito a rompimento de casais.

O jovem era solteiro e feliz assim, pois, com seu corpo atlético, ele estava, obviamente, mais interessado na descoberta do corpo humano, em todas as suas formas e variantes, do que em jantares à luz de vela e belas palavras de amor trocadas com aquela que poderia ser a mulher de sua vida. Eu não conhecia o alvo, como também não conheci Eva nem Adão, nunca o vi, mas a partir da descrição que Marina fez, eu já sabia que tipo de cara ele era e como essa futura relação poderia evoluir. Agir para "juntá-los" não seria um problema.

Marina era tranquila e do tipo "princesinha", passava longe de Betty, a Feia – isso já nos colocava dois ou três passos à frente, pois não seria necessário ir à Ellus ou à Carmin para a repaginada da moça; esteticamente, ela estava com tudo em cima. Já Davi parecia ser o típico "arrasa corações", um sujeito imaturo e irresponsável, que tem consciência de seus atrativos físicos e estéticos e se empenha intensamente na conquista das mulheres, usando para isso seu charme ambulante. Um Don Juan dos tempos modernos, que gosta demais de melhorar as próprias "relações humanas" (Atenção! Essas não são as relações românticas e afetivas em que estamos pensando, e sim "aquelas outras", como as de Sebastian, o mulherengo do filme *Segundas Intenções*!).

Aquele escroto, que Marina via como o provável futuro pai dos filhos dela, na realidade não passava de um destruidor de corações inveterado. E talvez ainda fosse um mitomaníaco em formação ou um perdedor enrustido – mas isso eu ainda precisava checar melhor, antes de assustá-la. Nossas primeiras sessões deveriam ser marcadas principalmente por um balanço psicológico e por uma avaliação das motivações dela. De maneira indubitável, se Marina tinha me contatado e quis pagar para ter "o homem" ao lado dela, era justamente porque ela queria o bendito. Fazia dois anos que ela o conhecia. Eles eram da mesma turma em algumas matérias na faculdade de Letras. E o anfiteatro em que eles assistiam às aulas, apesar de ser composto por mais de quinhentas pessoas, era um catalisador de encontros. Além disso, os dois haviam sido apresentados por uma amiga em comum do Facebook. "Maldito Facebook!", pensei eu.

Eu preferia que a relação deles permanecesse puramente platônica, juro que preferia! Teria gostado se Marina continuasse sonhando e nunca inventasse de falar com ele, nem tentasse tê-lo ao seu lado, mas o destino quis diferente... E só nos resta, então, respeitá-lo e tentar aproveitar os acontecimentos que ele nos oferece.

Marina é o tipo de garota da qual você consegue ficar amiga em menos de três minutos. Agradável, sorridente, bonita e divertida, juntas tivemos ataques de riso incríveis e inimagináveis. Criei um vínculo com ela muito forte que parecia ultrapassar a esfera profissional; eu tinha a impressão de já conhecê-la e, mais ainda, de dever algo a ela. Ela havia pago para conseguir ter ao seu lado um sujeito que, sem dúvida alguma, era covarde, mentiroso, falso e depravado, e eu tinha a obrigação de dar a ela o melhor – porque ela merecia e porque minha consciência me torturava.

Você volta para casa, depois de um dia de trabalho duro, em que você ralou muito, não parou nem por um minuto, a todo tempo superando-se, e em vez de tomar um bom banho de banheira, acender algumas velas e testar as amostras grátis da Victoria's Secret, que a mocinha da loja se apressou em lhe oferecer, você fica aí imóvel, parada na frente do computador, com vários *sites* e arquivos abertos, enquanto sua cabeça não para, roda sem parar em meio a todas as palavras e informações que estão na tela à sua frente, tentando achar algo que lhe indique o caminho a seguir nesse caso bastante particular.

Minha consciência me amolava sem parar, tentando me prevenir e me advertir. Os conselhos que eu dava eram ouvidos e seguidos ao pé da letra, e estava fora de questão direcionar aquela garota para algo que poderia, mais tarde, causar-lhe grandes desgostos. A cada encontro com ela, eu tinha dois homens em mente, um de cada lado da minha cabeça. Eu mais parecia um personagem de desenho animado, com um diabinho à minha esquerda dizendo: "La Baronne, junte-os e eles acabarão felizes e bem casados, palavra de honra de diabinho". E à minha direita, um maravilhoso anjinho que me lembrava das minhas responsabilidades e vontades, as "de querer, poder e dever melhorar o mundo".

Por isso é que tive de confessar a Marina que ela estava redondamente enganada sobre a escolha de seu alvo e que atitude adotar com relação a ele. Que a felicidade que ela buscava no Davi era só um engodo. Fui obrigada a lhe mostrar que a felicidade não está sempre onde imaginamos, e que às vezes os caras com quem sonhamos podem ser grandes destruidores de corações, que nos levarão diretamente para a infelicidade.

Por fim, tive de lhe dizer que, infelizmente, estava fora de cogitação ajudá-la naquela conquista; que eu não poderia fazer aquilo, justamente por já adivinhar no que esse namorico daria. Lembro, então, as palavras dela: "Tudo bem, mas gosto dele... E acho que é recíproco". Era recíproco sim! Mas havia um mal-entendido nessa história, pois as intenções e convicções do moço não eram as mesmas que as dela.

Eles não tinham a mesma concepção do que era ser um casal, e tinham desejos completamente diferentes. Os objetivos de Davi eram de curto prazo, e os de Marina iam muito mais longe, posso dizer que eram para toda a vida. E eu via de maneira óbvia e clara o contraste que existia entre eles: um rapaz em busca de "carne fresca", que tinha sido idealizado como o príncipe encantado por uma jovem Cinderela, que sonhava ser a mais bela das mamães. Ela havia se deixado enganar pelo sorriso envolvente e pelo jeito de Don Juan da fera, pelos elogios que ele lhe fazia e pelos encontros galantes que ele lhe propunha, mas ela não fazia a menor ideia do que ele conspirava ou dos estragos destruidores que ele podia causar.

Infelizmente, acredito que em cada mulher do mundo exista uma Marina. E é essa faceta das mulheres que faz com que elas sejam sempre e cada vez mais esperançosas, e que se deixem levar em um turbilhão de loucura por um mero sorriso ou um afeto que elas *acham* que viram. É o lado de todas as mulheres que está sempre em busca de um coração que acolha o delas, em busca daquela mão que elas possam apertar bem forte para percorrerem juntos o caminho. É a sua face sonhadora que parece já conhecer o futuro: como será o vestido de noiva, qual o buffet preparará o jantar no esperado "dia D", quais serão os nomes de seus filhos... Elas perguntam-se qual será seu destino e se ele será melhor que o das outras. Já imaginam o canapé que será servido em suas casas e os talheres que usarão no jantar de Ano Novo. E essa mulher também faz parte de você e é a parte de si que você amaldiçoa sem parar, que você questiona com intermináveis perguntas – que lhe enchem de dúvidas e diminuem suas esperanças.

Sabe, na minha mesa do escritório há montes de folhas rabiscadas com incontáveis palavras, pensamentos, cálculos, gráficos, estatísticas, balanços, todos dossiês que pertencem a mulheres tão obcecadas pelo futuro e torturadas pelo passado como você. Mulheres que não conseguem agir no presente, pois ainda estão ligadas demais ao que viveram ou ao que querem e imaginam poder viver ainda. Mulheres como Marina, que esperam que todo cara bom de lábia em quem tropeçam acalente seu lindo coraçãozinho.

Essas mesmas mulheres são as que esperam encontrar a felicidade em cada homem minimamente "fofo" que encontram, mas que no final acabam sempre decepcionadas com romances megaidealizados. Por essas mulheres, que poderíamos chamar de marinas, alguns sujeitos mal-intencionados venderiam de bom grado a alma ao Diabo, só para ter a possibilidade de usá-las completamente. E para evitar isso, todo supermercado deveria vender "pequenas marinas", bonecas com a carinha delas, só para que os homens as comprassem e brincassem com elas, em uma tentativa de recuperar o tempo perdido na infância.

Davi era um desses homens – com certeza! E não havia a menor hipótese de permitir que ele fizesse mais uma vítima, pelo menos não a Marina – e disso eu cuidaria pessoalmente. Mas, mesmo com toda experiência, eu não sabia como explicar à Marina que o amor e a intensidade do sentimento estão relacionados e que esse caso não poderia ser resolvido com um simples toque de mágica. Dá para transformar uma vida ou uma história de amor em um conto de fadas, mas se uma peça do quebra-cabeça não se encaixa, não adianta forçar, pois nunca se conseguirá obter a imagem completa do quebra-cabeça formado.

Talvez a metáfora que eu tenha usado agora seja bastante simples, mas a vida é assim mesmo: um quebra-cabeça para o qual nós nos apressamos furiosamente em encontrar as peças, só para vê-lo completo. E pela minha experiência, nada vale mais do que o prazer proveniente do tempo que a gente dedica a montar o tal quebra-cabeça, aprender suas formas, impregnasse de suas cores, entender a sua lógica, para então, no fim da montagem, poder sentir um orgulho incomparável e pensar: "Sim, finalmente consegui, depois de tanta paciência e obstinação".

Eu concordo que os primeiros passos de uma relação e o frio na barriga que vem junto são bem entusiasmantes – pelo menos no começo. Um olhar que cruza o nosso e que consegue, não sabemos por qual milagre, em menos de um décimo de segundo, nos convencer de que só o dono daquele olhar é digno de colocar os olhos em nós. Palavras que nos tocam profundamente e que inflam de um jeito inacreditável nosso ego, que estava tão murcho. Concordo, o início de uma relação amorosa promete mundos e fundos. E então acreditamos no amor eterno, um sentimento apaixonado como aquele que nossos pais comentam que existia antigamente. Falamos do amado a torto e a direito, como se ele fosse alguém excepcional, e a gente se impacienta e se apressa, querendo saber como a coisa vai continuar. Aguardamos algo mágico e esperamos acontecimentos mais que maravilhosos – afinal de contas, algumas pessoas conseguem viver de verdade esse amor, então, por que não nós? Ah não, não você! E talvez a maioria aceite isto, acreditando simplesmente que não chegou a sua hora; mas talvez devessem refletir se os homens que escolheram – e que estranhamente não corresponderam às suas expectativas – são incapazes, pura e simplesmente, de lhes dar tudo isso.

Marina precisava entender de maneira radical e definitiva que não se espera de um homem o que ele não pode dar, e não se dá o que ele não é digno de receber. Eles podiam até se gostar, mas não se completavam, nem nos objetivos, nem nos anseios, e menos ainda no modo de pensar. Por isso é que eu não aceitava que uma garota tão singular e especial como Marina pudesse receber da vida um sujeito tão imaturo e egocêntrico como aquele Davi. Para mim, aquela equação era improvável, e com os meus bons conselhos, em pouco tempo, ela decidiu esquecer "o figura".

Aconteceu muitas vezes de, em comum acordo e a partir das minhas orientações, minhas clientes e eu decidirmos dar uma guinada e nos voltar para outra meta, diferente daquela pela qual elas haviam me procurado a princípio. As motivações iniciais precisavam, então, ser rapidamente banidas para que fossem substituídas por novas perspectivas de vida, relacionadas a acontecimentos ansiados que nós duas havíamos estabelecido juntas.

Davi vive atrás de um rabo de saia, e então eu queria que Marina vestisse calças. Queria que ela simplesmente adquirisse essa força de vontade, esse pingo de determinação ou essa molécula de resignação que são necessários na composição de um sucesso pessoal, e que, enfim, ela decidisse esquecê-lo. Davi era um Gepeto que queria fazer de Marina seu Pinóquio, e usava a atração que ele exercia sobre ela para se divertir o quanto fosse possível.

Nós tínhamos conseguido evitar o pior, quando resolvemos nos direcionar para um objetivo melhor: a revisão de seus exames médicos e a perda de alguns quilos que estavam sobrando. No caso dela, assim como nos demais, infelizmente eu não tenho nenhum poder relativo à chegada do príncipe encantado, pois isso faz parte do destino, que nos escapa das mãos e sobre o qual não temos absolutamente nenhum poder de decisão. As estatísticas estão aí: milhões de solteiros pelo mundo afora – homens que se escondem e mulheres que correm atrás deles! Ou seja, a dificuldade do amor é sempre a mesma: encontrar seu amado parceiro. Pense na possibilidade do amor surgir de repente. Você se entrega para saber se o caso tem futuro ou não. Logo de cara, algumas pessoas vão odiar o que descobriram, enquanto outras tiram a sorte grande e encontram o parceiro ideal. Estamos falando do jogo do amor e do acaso, ou de como tentar encontrar no tabuleiro desta vida um parceiro à sua altura. Acredito que a principal aflição com relação ao amor está no fato de que as pessoas se aproximam em função da oportunidade que lhes aparece. Conhecemos um homem charmoso e encantador que nos conta coisas surpreendentes e decidimos dar a ele um pequeno espaço em nossa cabeça, para, no fim, atribuir a ele importância máxima em nossa vida. Mas esse mesmo homem acaba demonstrando não estar à altura de nossas expectativas e exigências. Como, então, conjugar o amor por ele, que tomou conta de nós mais do que depressa, e todas as mancadas e asneiras das quais ele é o principal autor e nós, o principal alvo?

A questão parece um tanto ilógica, mas, sim, existe uma quantidade imensa de mulheres que dão chance a esses tipos de homens, que realmente não valem a pena e não as merecem, obviamente. E ainda há todos aqueles que nem sequer conseguem preencher os atributos que eles mesmos exigem dos outros – mas isso já é uma outra história. Essas mulheres deveriam entender que não há como decidir passar o resto da vida com esse tipo de pérola rara que encontramos. Evidentemente, todo mundo gosta de ter um retorno condizente com o que investiu, com o que deu de si mesmo, ter sua inteligência reconhecida e ser valorizado – e muitos solteiros realmente vão longe demais e sonham bem alto com isso.

Um homem bonito e bom espera uma mulher como ele. É um tipo de lógica e de justo equilíbrio: a vida não pode nos dar aquilo que não merecemos e também aqueles que não nos merecem; e se isso já aconteceu, só vamos conseguir estimar o tamanho do estrago a longo prazo. Isso costuma acontecer com pessoas que não correspondem sequer às exigências amorosas que impõem aos outros, e com os que resolvem dar uma chance a pessoas que não estão à sua altura, tentando convencer a si mesmo: "Talvez seja você. Afinal de contas, por que não poderia ser você?!".

É fácil entender por que o amor nem sempre acontece neste mundo, e quando acontece, por que os conflitos – que são onipresentes – acabam com ele. Cada um chega com sua própria bagagem, seu currículo amoroso, seus desejos, parte de seu passado que quer esquecer e tem medo que reapareça. E cada um tenta impor sua própria noção de felicidade, em vez de construir uma nova, a quatro mãos, com um parceiro que esteja à sua altura; promovendo, assim, uma alegre harmonia na vida do casal.

E, após nossas desastrosas decisões, é inevitável que ocorram fracassos e mais fracassos, que vão se enrolando e desenrolando e nos fazem tropeçar e machucar nossos corações. E acabamos perdidas, sem saber para onde ir ou como lidar com as questões da vida.

Mas o seu passado nunca mais poderá ser alterado, e é a partir do presente que irá nascer o seu futuro: por isso, quando os fracassos se apresentam a você, não deixe que eles a segurem, a paralisam ou mesmo a desestimulem. Eles devem fortalecê-la e torná-la mais determinada, além de mais madura e cuidadosa. Esses fracassos servem para fazer você repensar, começar de novo de um jeito melhor e, em seguida, ter sucesso naquilo que um pouco antes havia sido um fracasso. Você sempre pode errar, mas em erros novos, e, a cada vez, se tornar mais forte. É claro que isso não é algo fácil de conseguir, principalmente depois de tantos esforços já feitos – que para nossa grande surpresa se revelaram completamente ineficientes... Mas o que é que temos a perder, além de tempo? Tempo, aliás, que deve ser usado para a concretização da sua felicidade, eu insisto.

Todas nós precisamos enfiar na cabeça que a vida é uma simples sequência de sucessos e fracassos – e estes últimos são supernecessários para nosso crescimento e, estranhamente, para a nossa felicidade também. Pois, esse tabuleiro que é a vida talvez seja mesmo um jogo, mas se utiliza de estratagemas engenhosos para nos levar direto ao nosso objetivo. Tudo que nos acontece faz de nós as mulheres que somos. Todas as pessoas que encontramos nos levam a um ponto crucial de nossa vida.

Todos esses acontecimentos que vivenciamos são resultado de um plano perfeitamente organizado para nos fazer chegar a um lugar preciso e determinado. Talvez a um suntuoso casamento com Erick, o novo diretor de *marketing* da empresa – e que é um gato! – ou talvez a promoções incríveis na loja mais cara da cidade! Talvez o vazamento de gás que o vizinho meio maluco do terceiro andar – provocou acabe lhe dando a chance de conhecer um lindo bombeiro, com um corpo... hummm, megassarado! E talvez essa demissão injusta da qual você acaba de ser vítima faça você ganhar uma indenização suficiente para comprar o guarda-roupa da Carrie Bradshaw! Talvez sim, talvez não... Lembre-se, a felicidade nem sempre está onde a gente imagina.

E Marina precisava entender isso. Jovem, bonita e brilhante, com um belo futuro profissional, só faltava um homem ao lado dela para apoiá-la e confortá-la. Mas não qualquer um, não um cara que parasse embaixo de sua janela, todo esfarrapado, com uma guitarra desafinada nas mãos e declarando palavras de amor, que na verdade são clichês mais do que batidos. De preferência tinha de ser um cavaleiro que chegasse a toda velocidade, montado em seu cavalo branco, "voando" para curar suas mágoas e aquecer seu coração.

Assim como fiz Marina entender que Davi não era um príncipe encantado, quero fazê-la entender que a mesmíssima coisa acontece com você! Você dá chance a uns caras que não valem a pena, idealiza histórias e se imagina ao lado deles no futuro. Você espera essa vida perfeita impacientemente, mas, quando nada acontece, joga a paciência para o alto e aceita qualquer um – alguém que na verdade está aquém do você realmente merece.

Você tem pressa em conquistar esse fenômeno que é o amor como se estivesse apertada e sufocada vivendo num círculo de apenas dois metros quadrados. Você sofre sem o amor, e aguarda urgentemente a chegada de qualquer homem que seja. É totalmente legítimo que você esteja obcecada com esse acontecimento... Afinal, é o homem da sua vida! Todas nós sempre sonhamos com ele: seus braços fortes, seu olhar penetrante, um sorriso doce de manhãzinha, ao acordar, e aquele mágico "eu te amo" que todas nós esperamos ouvir pelo resto de nossas vidas.

Assistimos a filmes "água com açúcar" aos montes e desenhamos vários coraçõezinhos em qualquer papel que que esteja em nossas mãos, mas isso nunca nos basta. Para o homem da sua vida, aquele que vai olhar para você como ninguém mais, aquele que vai falar palavras que farão seu coração disparar e, assim fará sua dor desaparecer, é para ele que você se sacrifica: faz cem abdominais por dia, para ter uma barriga invejável; gasta o salário inteiro na loja de *lingerie*, para que ele finalmente apareça e caia em seus braços; vara as noites estudando, para ter uma profissão sensacional e fazer com que ele sinta orgulho de você.

O homem de nossa vida pode ser definido de mil e uma maneiras, e às vezes acaba sendo de um jeito que nunca havíamos imaginado. Mas enquanto isso não rola, ele nos mantém sonhando acordadas. E, com todos os ex que já passaram pela nossa vida e que tanto usurparam nossa identidade essa nunca foi uma tarefa das mais fáceis, não é?! Principalmente se lembrarmos de todos os homens que vestiram a máscara de príncipe encantado e tanto nos enganaram com sua lábia sedutora e suas promessas tentadoras, que não passavam de palavras em vão. Sem contar todas aquelas flores que eles nos deram, e que rapidamente murcharam, todos aqueles torpedos que eles mandavam com poemas de amor, carinho e paixão.

Todas as esperanças e alegrias que nutrimos. Todo o tempo que passamos sonhando, confiando neles e abrindo nosso coração. Todos os momentos que ficamos nos braços deles e que eles não mereciam, porque estavam mais para charlatões do que para charmosos, mais para Atchim e Dengoso do que para bravos e corajosos guerreiros a serviço da amada. Não! Não! Não! Não sofra, menina! Todas já passamos por isso. E todos esses tristes acontecimentos só servem para ensiná-la mil e uma lições e apontar um único caminho: o que você precisa fazer para alcançar sua felicidade. Depois de passar por essas situações temos aprender de alcançarmos algo melhor nas próximas vezes. Todas já passamos por isso...

Quando era mais jovem, na época do colégio, não me sentia bem com meu corpo e me achava super mal-amada. Meu corpo ainda não tinha curvas, e por isso eu não tinha a menor ideia do que seria ter um namorado. Amigas... Sim, tinha algumas; era até um bom número. Eu estava desenvolvendo meu carisma, e já jogava com minha sagacidade e eloquência; mas quando você é adolescente, essas coisas quase não têm importância. Quando você é adolescente, quer um lugar no mundo mais do que tudo na vida – e ser amada a faz achar que esse lugar está aí, só para você. E para mim, naquela época, não havia lugar algum, só sonhos de criança que eu queria que se realizassem: ser bastante paquerada e que todos me adorassem.

Um desejo supersimples e até mesmo fácil de alcançar para todas as minhas amigas, mas para mim aquilo era um sonho, só um sonho, que todas as noites eu me surpreendia pintando e desenhando na minha imaginação com mil e uma cores.

Naquela época, eu fazia parte de um grupo superpopular. Nós tínhamos tudo a ver, nossos pensamentos e vontades eram os mesmos. Mas quando eu estava junto das minhas amigas, estranhamente eu desenvolvia um enorme complexo de inferioridade. Elas eram verdadeiras gatas e eu não, elas tinham um monte de namorados e eu não, elas eram *fashion* e descoladas e eu não, elas podiam sair à vontade, ir aonde quisessem e voltar a hora que bem entendessem e eu não. Quando você tem entre treze e dezoito anos, essa constatação causa uma dor cruel, que pode levá-la à depressão ou até a atitudes mais drásticas.

Mas, para mim, foi o inverso: essa constatação provocou uma determinação sem igual, decidi mudar meu destino e despertei os talentos que estavam guardados bem lá no fundo. Prometi a mim mesma que um dia minhas lágrimas cessariam, porque eu merecia, como todas as minhas amigas, ser feliz e me sentir bem comigo mesma. Decidi me afirmar em tudo e declarei guerra a todos que eram um obstáculo à minha felicidade.

Passei por alguns acontecimentos bem dolorosos, mas sempre falando para mim mesma que, depois da luta, a felicidade e o equilíbrio estariam me esperando. Tive de enfrentar muitas pessoas e suas críticas e de vencer vários obstáculos em meu caminho. Tive de mudar radicalmente e assumir minha nova postura. Meu corpo mudou e tornou-se devastador, meu charme saltou à flor da pele, fazia compras em lojas de grife e me tornei a mais descolada, a mais bem vestida, até chegar ao ponto de eu mesma desenhar minhas roupas e ensinar as outras meninas como se vestir. A essa altura do campeonato, as pessoas já me achavam engraçada, carismática e inteligente, só me faltavam o físico e a atitude para eu me tornar aquela que sou hoje:

E aqui estou eu, desde os meus dezoito anos, colecionando homem após homem e emendando relação amorosa em relação amorosa. Eu percebia a superficialidade dessas relações e a futilidade em que elas se apoiavam, mas eu queria minha revanche, era assim e ponto. Eu precisava testar e provar aquilo por que eu sofrera durante muitos anos.

Eu precisava me reafirmar, encher me de autoconfiança. E passar por todos aqueles homens era importante para a minha realização. Eu precisava me fortalecer e testar meu poder de sedução: uma vontade bastante normal para uma mulher, pois sentir-se amada e admirada é antes de tudo um meio de nos superarmos e de nos sentirmos em harmonia com a imagem que temos de nós mesmas. As pessoas nos dão importância e nos estimam, e isso influencia de maneira muito positiva a realização de nossa vida.

Foi assim que eu tive cinco anos de revanche bem merecida, cinco anos de relações agitadas com esse, aquele e aquele outro. Homens que esqueci completamente, como se eles não tivessem existido, afinal eu nunca tive realmente o menor interesse por esses, que não significavam nada. Aquelas relações não tiveram importância alguma, a não ser para me dar segurança naquilo que eu represento e comprovar o valor que eu decidi atribuir a mim mesma.

Acabei enfastiada com essa *overdose*, preciso admitir. Eu até podia me aproximar de alguns homens, mas nunca achei que eles me convinham, porque nenhum deles estava à altura do "homem da minha vida". E, além disso, eu podia sair à vontade com qualquer bom partido que encontrava para me consolar; mas, no fundo, eu tinha a esperança de que um deles fosse aquele que eu esperava impacientemente: meu príncipe encantado, que viria em seu belo Lamborghini branco.

Eu havia esperado que o Igor fosse o tal, mas ele se mostrou apenas um criador de decepções para mim. Eu imaginava o Fábio em um belo terno cortado sob medida para o nosso casamento, mas foi só outra decepção, outra falta de sorte. Eu me questionava e esperava por Miguel, Jorge ou Alex, mas nada, todos eram completos idiotas. Eu não entendia meus erros perpétuos e acabava sempre em lágrimas. Mas, então, logo compreendi que meus erros simplesmente derivavam dessa felicidade que eu tinha antecipado, projetado. Os sonhos que eu tinha com esse príncipe encantado e toda essa ânsia de encontrá-lo eram consequência de um único desejo: que ele me amasse por toda a eternidade.

Entendi que todos aqueles homens que eu havia conhecido nunca poderiam ter sido "o tal", o homem certo, mesmo que tivessem a maior boa vontade do mundo. Entendi que não se pode decidir "juntar os trapos" com a primeira pessoa de que se gosta um pouco, mas que todo mundo tem, em algum lugar do mundo, uma pessoa certa que lhe foi destinada. E quando entendi isso, entendi tudo: é inútil sair com um homem que não combine comigo, que fisicamente não me atraia ou que não honre o lindo ser humano que eu sou. É inútil se desdobrar para manter uma relação numa boa. As coisas devem ser simples e claras. Por isso é inútil brigar eternamente com esses sujeitos para tentar chegar a um entendimento lindo e perfeito. Em vez disso, é melhor dar valor a um homem que saberá o que fazer com você, e como fazê-lo. Um homem que a respeitará e a quem você também respeitará; um homem que a apoiará e a quem você também apoiará.

Pelo que eu sei, o amor nunca foi uma vergonha ou um peso na vida das pessoas. Muito pelo contrário, ele deve ser a cereja do bolo que alegra a vida de todas nós e a embeleza regiamente. Ele deve ser algo simples e bonito. Um caminho para ser percorrido a dois, aconteça o que acontecer; deve ser a união de dois seres que concordam e que compartilham ideias e valores que contribuam com este mundo e que mais adiante possam ser transmitidos a seus filhos.

É importante aprender a diferenciar os homens que merecem seus sacrifícios nessa vida, e que os retribuem, dos homens covardes, que considero imbecis com cérebro de passarinho, que se aproveitam das fraquezas de uma mulher para ridicularizar sua dignidade e seu orgulho. Acredito que exista dois tipos de homens neste mundo: os ideais e os imbecis. Aquele que chamo de príncipe encantado é simpático e apaixonante, respeitoso com sua amada e preocupado com o bem-estar dela, o que permite ao casal viver em verdadeira harmonia e saborear alegrias das mais intensas. Só posso sorrir e me maravilhar com esse tipo de homem. Me limito a aconselhar que você retribua o respeito que esse homem demonstra e dê a ele todo o amor e a sinceridade que você tem a oferecer.

Entenda que não é contra ele que eu luto! Por ele, bem ao contrário, eu tenho um grande respeito. Ele é o próprio arquétipo, o super-herói que tenta (em vão), a cada dia, diminuir as injustiças e os conflitos do anarquismo reinante, para promover uma vida mais bela e agradável. Ele é equilibrado, tem princípios de vida e valores, os quais aplica no dia a dia em sua relação com a amada – esse homem é sensacional!

Esse tipo de homem respeita, ama, protege as mulheres e age sempre com a mais profunda sinceridade. Ele merece, com certeza, toda sua atenção. Mais do que isso, convido-a, então, a retribuir a ele toda a felicidade que ele lhe oferece diariamente, dar a ele o melhor de si e o mais belo dos amores que você puder oferecer. E quando você o encontrar, tenha consciência de que esse homem é uma pedra preciosa que precisa ser polida e uma nobre criatura que deve ser valorizada.

Esses caras são surpreendentemente raros, e a mulher que tiver a sorte de encontrar um exemplar desses deve cuidar bem dele e saber que esse homem é um presente de valor inestimável. É preciso ter cuidado e tomar conta dele muito bem, pois a concorrência é dura e, principalmente, desleal. Como em dia de liquidação, em que, para conseguir aquela peça da última coleção exclusiva, com desconto de sessenta por cento, qualquer mulher é capaz de trapacear e passar uma rasteira em outra, induzi-la a erros e enganá-la – o fim justifica os meios.

Para ter esse ser tão perfeito, as outras mulheres, bem espertas, não pensarão duas vezes antes de usar artilharia pesada e todas as artimanhas possíveis e imagináveis. Mulher é assim... A gente se vira para conseguir o de telefone dele e envia um torpedo falso só para conseguir conhecer o tal. A gente dá um jeito de saber qual será sua agenda, para depois cruzar "sem querer" com ele não sei quantas vezes naquele mesmo dia e despertar certa curiosidade no rapaz: decote provocante, olhar penetrante e a depilação em dia. As grandes ocasiões parecem ser as oportunidades mais apropriadas para o ataque: se sua pérola rara bebeu um pouco além da conta e você não estiver ao lado dele, suas colegas da subespécie feminina decididas a se casar com o sósia do David Beckham (ou seja, todas as outras mulheres) não hesitarão em usar todo o charme delas, especialmente à meia-luz.

Elas declararam guerra, mas você ainda não sabe. E pouco lhe importa, pois seu homem é perfeito, um amor nato, uma dádiva dos céus, uma pérola rara. O adultério não é uma tendência natural dele – aliás, ele nem sabe o que é traição. Ele prefere você. Sempre! Ainda escolheria você com seu pijama da Pucca à qualquer garota com uma *lingerie* supersexy... Ele gosta da profundidade de suas conversas sobre o efeito estufa ou o aquecimento global quando volta do trabalho, e por nada nesse mundo ele as trocaria por papos vulgares dignas do filme *Instinto Selvagem*, que outra mulher pudesse propor à la Sharon Stone. Ele gosta de passar o fim de semana consertando as coisinhas de casa, com você metida em um moletom grosso, bem ali ao lado dele, dando palpites, em vez de viajar para a praia e surfar ou simplesmente relaxar na areia, embaixo de um sol brilhante e ao lado de uma garota que mais parece ter saído do *SOS Malibu*.

Ele gosta, sim! Pois é tão perfeito que gosta de tudo o que você sugere! Bem... Não abuse, querida. Não dê chance para que ele se mande. Ele é perfeito, mas tenha cautela com toda essa perfeição e demonstre que você é digna dela. Não se esqueça de usar aquelas peças da Victoria's Secret que o fará se sentir um sultão, planeje um fim de semana surpresa em um spa e compre ingressos para o show da banda predileta dele, para marcar sua vida de casal com pequenas loucuras. Você deve mostrar que a chama de sua paixão por ele continua acesa, mesmo depois de cinco anos de relacionamento.

Deixe-o perceber inconscientemente que, com você ao lado, ele não tem nada a invejar dos outros homens. Prove indiretamente que só você merece o amor dele. Se ele é atento com você, por que não fazer o mesmo? Por que não deixar sua agressividade e seu "quê" de Jane da floresta para as relações de trabalho? E por que, em vez disso, não lhe conceder doçura e ternura sem igual? Ele gosta de ver o sorriso da mulher amada, de acalentar o coração dessa pessoa, então por que não fazer o mesmo? Por que não tentar surpreendê-lo, para reanimar a relação, relembrando os primeiros anos juntos? Por que não se embelezar cada vez mais para ele? Por que não dar a ele, de presente de aniversário, entradas para o GP Brasil de Fórmula 1, aquele ingresso tão cobiçado por 99% da população masculina?

Nossa! Tantas perguntas, mas nenhuma resposta à altura. Saiba que nenhum homem que cubra uma mulher de atenção irá, a longo prazo, abrir mão de receber atenção equivalente à que ele dedica. E sem dúvida nenhuma, você há de concordar que o amor se baseia em reciprocidade, equilíbrio, equivalência, retorno daquilo que se dá...

Em um casal, um tem de despertar a felicidade do outro, por isso ambos devem formar uma unidade e cada um tem o dever de iluminar o outro o tempo todo, de devolver a felicidade que o parceiro lhe proporciona – e isso não poderia ser diferente. Cada um deve guardar o próprio ego em uma caixa, porque com o ser amado ele não tem mais razão de existir. Nós vivemos por meio do outro, dos elogios que ele nos faz, do olhar que ele nos direciona, das pequenas atenções que ele nos dá a cada dia.

Esses atos devem prevalecer sobre o nosso narcisismo. Chega de "eu" ou de "ele fará para mim", chega de egoísmo permanente – é o começo da era do compartilhamento eterno. Chega de puxar o cobertor para si, tentando evitar o frio; quando se vive junto, devemos cobrirmos o outro, e o simples fato de vê-lo protegido de qualquer situação adversa ou problema nos aquecerá!

Prescindir desses cuidados é criar uma relação incompleta, enfraquecida, arriscando-se enormemente a passar por consequências jamais imaginadas: adultério, insulto verbal ou mesmo físico, indiferença destruidora, repulsa, rejeição e até suicídio. Os problemas de casais se instalam e se incrustam em cantos e recantos da relação, e só um poderoso detergente pode erradicá-los. Um em cada três casamentos acaba em divórcio porque não é levado a sério. Com o tempo, esquecemos as promessas que fizemos ao outro, as juras que sussurramos ao pé do ouvido. E esquecemos também que deveríamos, na alegria e na tristeza, apoiar-nos um ao outro e jamais desamparar-nos.

Os problemas no casamento começam a aparecer pouco a pouco, dissipando sua razão de ser e aniquilando os sentimentos que o constituíam. Despejamos sobre os homens inúmeras críticas com duras palavras, e muitas vezes nos esquecemos de estimulá-los com palavras animadoras. O que se fala impulsivamente aos quatro cantos só piora a situação, e os pensamentos não ditos, que guardamos para nós, também não ajudam nem um pouco. Assim, nos comunicamos pouco e mal. Tornamo-nos estranhos um ao outro, passamos a nos repudiar e a nos enfrentar veementemente. Começam os golpes baixos, não dançamos mais coladinhos e, por fim, pedimos o divórcio, porque cada um acha que foi o outro que não respeitou o compromisso que tínhamos. Ambos avaliamos que o outro é que foi falso e nos provocou um enorme trauma psicológico.

Mas como é possível que dois seres loucamente apaixonados possam chegar a um ponto tão degradante, infantil e insolente? Como eu já comentei antes, a falta de atenção e cuidado com o outro pode ser devastadora. Estávamos tratando do homem perfeito e rapidamente chegamos a histórias perturbadoras e assustadoras. Ter ao seu lado o homem ideal, perfeito sob todos os aspectos, é uma coisa; merecê-lo e mantê-lo é outra. E eu provavelmente não estou errada quando a encorajo a respeitá-lo e a fazer isso com muito carinho.

O amor é definitivamente a coisa mais bonita que existe neste mundo complicado. É um refúgio, um abrigo, um remédio para muitos males. E se você tiver a chance de viver um verdadeiro conto de fadas, sugiro que não perca a oportunidade em hipótese alguma. Se esse homem bonito e bacana sorrir e lhe estender a mão, faça o mesmo – e muito mais!

Há muitas mulheres que todos os dias se queixam de não viver o que elas sonharam quando meninas. Muitas não sabem o que é o amor, nem mesmo o que ele significa, porque sempre foram enganadas, e sua dignidade e seu orgulho, destruídos. Algumas mulheres sofrem maus bocados, são arrasadas e martirizadas. Mulheres que conhecem perfeitamente o significado da palavra dor, porque tiveram essa sensação mais de uma vez na vida. E, por isso, sabem de cor a cartilha desse tipo de homem que devemos evitar: A de "acomodado", B de "burro", C de "canalha"...

Esses imbecis nos causaram muitas feridas. Esses imbecis! Sim, falemos deles e do destino que deveríamos reservar a esse exemplar – o pior – da espécie masculina. Para mim, eles representam uma segunda categoria de homens. O protótipo do estúpido, do sem cérebro, do calhorda que merece a castração. Olho por olho, dente por dente, as feridas deveriam doravante ser submetidas à lei de Talião.

Esse segundo tipo é, para mim, muito irritante e devo admitir que ele me dá nojo. É aquele que eu chamo de imbecil, pois poderia caracterizá-lo com muitos outros adjetivos (nem todos publicáveis), mas prefiro me manter em cima do salto e falar dele com a maior sabedoria possível.

O imbecil é um homem pouco culto, muito ignorante, que sempre comete injustiças com a "companheira". Ele não dá a ela o devido respeito e, ainda por cima, quer ter sempre razão. É aquele que foge das responsabilidades e não as assume; que menospreza a "amada" para aumentar seu ego de cretino. É contra ele que me posiciono e encorajo as mulheres a destruí-lo.

É aquele que conduz o mundo à depravação e que tem o dom natural para a degradação do conceito de casal. Aquele que fala mal das mulheres, as trata de modo humilhante e que se satisfaz ao agir como um fanfarrão soberbo. É o "metido a gostosão", que quer aparecer custe o que custar e que tenta apagar a presença da parceira. Aquele que vive só para enganar. Um grande covarde, que merece a coroa da arrogância e o troféu de "lixo humano". Aquele de quem nenhuma mulher está protegida – nem contra sua língua, nem contra suas mãos. Um hipócrita dos tempos modernos que mente ao falar, que não cumpre nenhuma promessa e que, quando alguém lhe confia um segredo, revela-o sem o menor escrúpulo. Esse é o imbecil! Eu poderia denegrir a imagem dele por horas. E só faço isso com o intuito de lhe alertar sobre seu modo de operação com palavras "encantadoras".

Na minha posição de consultora e – por opção – "a *expert* em sedução", já tive de resolver muitos problemas de casais. Quando as pessoas veem na internet o título "a *expert* em sedução", acompanhado por um logotipo com um anel de diamantes e um sapato de salto alto, elas imediatamente associam essa imagem à de uma conselheira matrimonial.

Então, de tempos em tempos, um casal me visita para tentar resolver seus problemas e me designar como mediadora. Quando eu os ouço, geralmente um acusa o outro de ser o responsável pelo maldito caminho tomado por sua vida a dois. E quando peço a um deles para me contar o que acontece, sempre sente o maior prazer em atacar o parceiro com um lança-chamas. Cada um traz consigo bombas prestes a serem explodidas ao menor deslize do companheiro. Quando isso acontece, eu desencano e procuro pensar no que tenho de comprar no supermercado quando sair do escritório, em vez de me concentrar no caso e tentar identificar o opressor e o oprimido, porque, da maneira que agem, os dois saem perdendo. O objetivo de um casal não é achar um culpado quando as coisas vão mal, mas apreciar dia após dia a perenidade e a solidez de sua relação.

Via de regra esses casais aparecem em um sábado às cinco horas da tarde, começam monólogos que estavam lhes sufocando e acabam em um diálogo longo e perturbador – isso tudo ocorre enquanto eu deveria estar na loja da Gucci antes das sete da noite, para buscar aquele magnífico conjunto encomendado há três meses e que acabou de chegar! Nesses casos, eu chego logo ao meu limite: como explicar para essas pessoas que não sou nem psicóloga, nem terapeuta, nem conselheira amorosa, nem agente matrimonial? Devo reconhecer que essa pergunta já me veio à mente várias vezes. Pois mesmo sendo tudo isso ao mesmo tempo, eu não gosto que me atribuam um rótulo específico.

Também não aceito que as mulheres cheguem ao meu escritório com o namorado ou marido, pois deixo claro que meus serviços são exclusivamente direcionados às mulheres. Não que eu seja a favor da androfobia exagerada, mas sempre expus muito bem meus objetivos: orientar a população feminina, que na maioria das vezes encontra-se em situação de fraqueza e desamparo. O meu objetivo número um é patente: promover os direitos das mulheres e seus interesses na sociedade civil, e evitar que homens denigram as mulheres ou digam baixarias a respeito delas.

O curioso é que todos os homens que já atendi no meu consultório se comportaram dessa maneira. E quando chego ao meu limite e perco a paciência no momento em que minhas orelhas não aguentam mais ouvir tanta besteira, minha cabeça começa a fundir, meus olhos ficam vermelhos de raiva e minhas sobrancelhas se arqueiam em sinal de pura impaciência, então não há outra escolha senão colocar as coisas em seu devido lugar e assumir uma postura intransigente – mesmo correndo o risco de ser considerada uma bruxa.

Por causa disso, decidi informar no meu *site*, em letras garrafais, que meus serviços são "exclusivamente dedicados à população feminina do planeta". Prefiro ouvir as lamúrias de uma única mulher, em vez de assistir a cenas deploráveis de casais cujo único objetivo é diminuir o parceiro e machucar seu ego e orgulho. E, já que não sou uma terapeuta, as coisas não precisam ser feitas de maneira tão limitada ou rigorosa. Eu passo a ser responsável pelo desenvolvimento relacional de uma cliente com seu amado, mas sem interferir nos desentendimentos. Nesse caso, recuso-me a tomar qualquer tipo de posição. Eu só quero analisar os problemas dos casais e tentar encontrar soluções concretas.

E eis que me deparo com mais um caso de desespero humano, como os outros a que já me referi neste livro: Camila, vinte e sete anos, traída duas vezes pelo maldito noivo. Pois é! A data do casamento já havia sido marcada para o mês de setembro e estávamos em julho, em plenos preparativos para a cerimônia.

Quando uma mulher recorre aos meus serviços, não é difícil adivinhar que ela está totalmente desamparada e que necessita de assessoria para recobrar o equilíbrio em sua vida. Ela recorre a mim porque precisa, e espera, obter muito apoio e ajuda da minha parte. Mas você também deve saber que uma mulher me procura porque espera que eu seja capaz de mudar as coisas, mudar sua vida e seu pensamento. Ela vem em busca da ajuda ideal para criar coragem de mudar seu atual modo de vida.

A Camila podia esperar duas coisas diferentes de mim: 1) que eu fosse capaz de convencê-la de que o namorado dela não mudaria, e que ela seria capaz de pôr um fim naquele relacionamento antes do dia da troca de alianças; e 2) que eu a tranquilizasse e colocasse no caminho certo, para que as coisas melhorassem dali por diante. Como com todas as outras clientes, com Camila era preciso que as coisas fossem bem claras, desde o início. Eu queria conhecer a verdadeira natureza da situação, para só então propor uma solução.

Os fatos eram simples: Camila vivia em uma pequena cidade, um tanto quanto provinciana, onde todo mundo se conhecia e frequentava os mesmos lugares. E Camila descobriu, por intermédio de amigos e conhecidos, que, durante os dois anos de seu relacionamento, ela foi traída pelo namorado com garotas que ele havia conhecido em baladas. Duas traições em dois anos, ou seja, uma média de uma por ano! Motivos de sobra para se preocupar!

E essas eram as duas únicas vezes em que ele havia sido flagrado. Quantos casos teriam ocorrido, na verdade? Dez mulheres diferentes em um mesmo mês? Aquele sujeito era provavelmente um verdadeiro calhorda, daqueles que gostam de ter uma relação fixa para nunca se sentirem sozinhos e, ao mesmo tempo, um monte de casinhos por aí, para provar a própria masculinidade.

Era aí que o meu trabalho começava. O casamento estava previsto para dali a dois meses e, por causa desse prazo curtíssimo, eu tinha a missão de mostrar rapidamente à Camila a verdadeira natureza daquele homem. Ela estava apaixonada por ele, mas, ao mesmo tempo, apavorada com a ideia dessa união: Quais eram os reais sentimentos dele? Verdadeiros ou traiçoeiros? Ela o amava, mas tinha dúvidas. Quando ele dizia que estava na casa de um amigo, seria verdade ou mentira? Ela duvidava. Duvidava de tudo. Para ela, nada era uma certeza. Sua única certeza éramos eu e meus serviços. E lá fui eu, como se fosse o Sherlock Holmes, mas sem o sobretudo, o chapéu, a lupa e o cachimbo. Tinha de demonstrar que estava totalmente no controle da situação.

Existem, de acordo com a minha experiência, três tipos de infiéis: o primeiro é muito comum e fácil de ser descoberto, por causa do aroma de perfume feminino, uma mancha de batom diferente do seu ou alguma marca na pele do infeliz. Não seria nada difícil flagrar o desgraçado no maior amasso com a secretária popozuda se você voltasse das férias alguns dias antes do previsto. Falta-lhe tanta originalidade que ele quase desperta em você um sentimento de pena.

O segundo é um pouco mais criativo. Ele a enganaria com sua melhor amiga, e ainda seria capaz de tentar convencê-la de que você está louca de suspeitar dele desse jeito. Há muita manipulação e intrigas, o que dá um "tempero perverso" à situação, deixando-a mais picante, como em uma legítima novela mexicana.

Mas, além desses, existe um verdadeiro gênio na arte de camuflar qualquer tipo de rastro. Você passa um tempo incrível monitorando as chamadas telefônicas e xeretando os extratos bancários dele. Você coloca alguém para segui-lo, mas nunca encontra o menor indício de infidelidade. Somente quando ele morre é que você descobre que ele tinha uma casa em outra cidade, que dividia com a amante.

Eu, particularmente, acho que o primeiro pode ser perdoado. Ele não está acostumado com esse tipo de atitude, e se sente tão culpado e envergonhado que, depois da traição, se transforma em um marido muito melhor. Quanto ao segundo, eu diria que ele é o tipo que gosta de viver perigosamente. Nada o comove, ele não tem qualquer tipo de escrúpulo e nada detém seu comportamento infame. Ele não consegue "se encontrar" como um casal e já estava perdido desde a juventude, quando se meteu em uma sucessão de mentiras e relações passageiras; ele também não conseguirá "se encontrar" mais tarde. Quando diz à esposa que vai à videolocadora para pegar um documentário sobre golfinhos, na verdade volta com três DVDs pornográficos escondidos. Já o terceiro tipo não pode ser denominado como infiel, pois não se sabe exatamente o que ele faz ou o que ele pensa – e talvez seja melhor que ninguém descubra –, mas esse último caso é raríssimo, posso lhe garantir!

O traidor de Camila foi flagrado duas vezes. Essa não seria a maior prova de seu total desinteresse pela futura esposa? Para mim, era! E mesmo que durante as minhas sessões com a Camila eu me esforçasse para ter um discurso tranquilizador, para mim estava claro: dali a pouco eu teria que alertá-la, pois tinha certeza. O namorado dela estava na segunda categoria de infiéis, e só me restava demonstrar isso à minha cliente.

Geralmente é muito simples saber se um homem é fiel, basta investigar os meios de comunicação que ele utiliza. O caminho das pedras é fácil. Hoje em dia, você pode escolher entre:

1 Criar um perfil falso no MSN para se infiltrar nos contatos dele, bancar a vadia e pedir que ele ligue a *webcam* e revele *on-line* as fantasias sexuais dele. Se ele fizer isso, só resta esquecê-lo para sempre, porque é um eterno

frustrado, que mesmo depois que colocar uma aliança no dedo nunca se sentirá sexualmente realizado, pois há quinze anos sonha em ser o Hugh Hefner, fundador da *Playboy*, ou seja, é um caso perdido!

2 Perambular pelo insuperável Facebook. Você cria o perfil falso de uma "cachorra" loira supergostosa ou de uma morena boazuda (de acordo com as preferências do cidadão) e cai matando em cima do alvo. Se ele marcar um encontro com você, já era! Pode apostar que ele passa horas "selecionando" fotos e perfis e dando em cima de qualquer uma que encontra pela frente, quando você não está por perto.

3 (Este método é o meu preferido: simples, rápido, barato e eficiente). Enviar um torpedo de um celular que ele não conhece o número, dizendo "Oi, gatinho! É a Sabrina. Respondendo à sua pergunta... Sim, estou solteira de novo e estou livre depois de amanhã se você quiser fazer alguma coisa. Beijo!".

O seu namorado recebe um torpedo de uma mulher que ele não sabe quem é (mas que supostamente ele deveria conhecer), que diz estar solteira e ainda por cima revela estar livre dali dois dias... Existe algo melhor do que isso? Ele não teve esforço nenhum, nem mesmo de paquerar, pois a "Sabrina" já fez isso por ele! Nessas horas, os homens nunca raciocinam e nem se perguntam se isso pode ser uma armadilha. Eles não têm os neurônios suficientemente desenvolvidos para pensar que foi uma mensagem enviada ao destinatário errado. É muito simples: ou eles estão muito apaixonados e nem responderão à mensagem, ou eles estão insatisfeitos e convidarão a "Sabrina" para sair e sabe-se lá mais o quê.

Nesses casos, estabeleço simples suposições sobre a infidelidade dos homens. Mesmo que as evidências sejam verdadeiras em 99,9% das vezes, podem não representar nada para Camila. Ela estava atrás de respostas concretas, claras e comprovadas – algo incontestável. Ela queria algo que nunca mais conseguisse esquecer e que a fizesse concluir que se casando com aquele homem ela estaria indo pelo caminho errado. Ela queria sofrer naquele momento para não ter de sofrer ainda mais, quatro anos depois do casamento e já com dois filhos. Camila queria mais que um torpedo, uma mensagem no MSN ou um comentário no Facebook; ela queria um choque para recobrar a consciência.

Ah! Isso ela não precisava me pedir duas vezes! Camila era o tipo de cliente pelo qual eu me empenhava mais. Ia além disso. Para ser sincera, é como se eu estivesse na linha de frente de uma batalha, com o capacete cheio de galhos para me camuflar e olhando através binóculos para enxergar melhor. Eu havia acabado de lançar a operação "falcão negro" e acreditava que o namorado infiel da Camila era o inimigo a ser eliminado.

Durante vários dias e várias noites, eu tentei entendê-lo e conhecê-lo, informei-me sobre ele e seus hábitos. Como a Camila tinha me falado bastante sobre o apartamento deles, tive todas as oportunidades para me integrar na vida do cidadão e compreender a personalidade dele. Para mim, o caso era sério: o casamento estava previsto para dali a um mês e meio, e o tempo voava. Naquelas condições, precisávamos de resultados rápidos. E já que Camila queria provas contundentes, eis o que eu havia preparado: uma morena, duas loiras e um documento de nove páginas, impressas frente e verso.

O namorado da Camila trabalhava em um restaurante bem badalado da cidade. Ele era o tipo de cara perdido, que se deu mal na vida profissional, pois sempre deu muito mais importância aos "prazeres da carne" e aos demais vícios da vida do que a qualquer outra coisa. Ele nunca esteve à altura de seus colegas de trabalho, então, reconfortava o ego paquerando garotas e mais garotas no bar onde trabalhava. É o tipo de homem que eu sinto prazer em destruir. Pegá-lo com a boca na botija era supersimples, mas, apesar da facilidade para conseguir isso, eu queria fazer um trabalho perfeito e obter provas irrefutáveis das quais Camila jamais poderia duvidar. Nós entramos em acordo sobre uma data de entrega, se fosse o caso, das provas da traição do namorado. Trinta dias foi o prazo que eu consegui: trinta dias que me permitiram tirar quarenta e seis fotos de beijos e transas com as minhas cúmplices loiras e morenas; trinta dias que me possibilitaram gravar dezesseis conversas telefônicas quentes; trinta dias para registrar cinquenta e sete abordagens a clientes atraentes que ele servia no restaurante; trinta dias para contabilizar mais de vinte e sete mentiras sobre a escala de trabalho dele; e, por fim, sete dias para deixá-lo abrir o jogo para mim. Um relatório bem recheado, no qual eu queria colocar um pequeno toque final: EU. Era a minha vez de entrar na vida dele para descobrir seus reais sentimentos com relação a Camila e saber mais sobre sua relação com ela. E apesar de ele ter tentado me convencer de que estava solteiro havia pouco tempo, ele havia respondido a todas as minhas outras perguntas: Camila não despertava qualquer tipo de interesse nele, esse casamento seria um fiasco e já era tempo de todos se darem conta disso. Eu não estava feliz em ter que fazer essa revelação e provocar choradeira, mas no fundo eu me sentia aliviada e feliz, porque aquele casamento nunca aconteceria.

Desde menina, todas nós sonhamos com esse dia tão especial, mas, que eu saiba, nada supera a imagem que temos de nosso conceito de felicidade, que esse dia deveria nos oferecer. Um casamento é algo muito bonito, mas a longevidade dele é ainda mais. E realmente vale a pena esperar o tempo necessário até que ele aconteça. Por que forçar o destino se ainda não é o momento? Por que nós nos precipitamos? Precipitamo-nos por causa de tudo o que a nossa imaginação sempre criou e colocou sobre um pedestal. Pressa e impulso têm um peso, mas não querer enxergar a realidade e forçar o destino é bem mais complicado.

Há muito tempo decidi não cometer mais os mesmos erros e, em vez disso, passei a me orientar pela lógica da vida. Eu ainda gosto de romantismo e paixão, ainda me surpreendo frequentemente imaginando esse dia tão esperado e, às vezes, deixo a minha imaginação sonhar durante horas com aquele por quem sou apaixonada, mas nem por isso me esqueço de ficar com os pés no chão. Isso tudo acontecerá para mim quando "Deus quiser", o que é uma constatação que deveria ser óbvia, mas, assim como você, eu reconheço que meu coração continua batendo forte, e a ideia de que falta apenas uma pessoa na nossa vida é bem verdadeira – você há de concordar. As pessoas que têm ao seu lado a sua metade não se dão conta da imensa dádiva que receberam.

Quanto a você, sorria, pois está no mesmo barco que muitas mulheres. Todas retiraram sua senha e estão à espera da chamada para seu fabuloso destino. Um monte de mulheres que entraram no trem da vida sem saber onde descer, uma quantidade expressiva que foi traída por imbecis com cérebro de passarinho e uma minhoca dentro das calças.

Há de se reconhecer que alguma coisa sempre soou errado com os homens. Eles estão muito longe de terem um mínimo de equilíbrio ou até mesmo de beirarem a simples normalidade. Os homens são como peças que jamais se encaixarão em um quebra-cabeça: um tem o corpo de Brad Pitt, mas o QI da ostra; outro é tarado pelo corpo feminino e não é capaz de esperar além do primeiro minuto do primeiro encontro para perguntar, de maneira muito direta e ousada, se você "quer transar"; sem esquecer aquele que enche a paciência; aquele que se queixa o tempo todo; aquele que não desgruda; o alcoólatra não anônimo e o usuário ocasional de drogas; aquele que tem medo de se envolver e aquele que a quer para o resto da vida depois de meros três dias de relacionamento; aquele que nunca dá notícias e o outro que a assedia o tempo todo; aquele que a vê como o reflexo ideal da mãe dele; outro cujo pai não para de secar seu decote quando você é convidada para jantar na casa deles...

Todos esses cretinos, que existem aos milhares por aí e que já nos disseram, no mínimo uma vez: "O príncipe encantado não existe, vê se cala a boca e lava logo essa louça". Nossa, como eu os detesto! Mas o problema é que eles estão por todos os lados, e num primeiro momento parecem tão normais e equilibrados que não desconfiamos de nada. Você conhece esse encanto de rapaz, aceita seu convite para jantar e logo se surpreende ao perceber que fala dele o tempo todo. Às vezes até sente falta dele, elogia-o sempre, conta para ele seus sonhos de menina e fala dos projetos que você tem em mente há muito tempo. Passam-se semanas e tudo corre na mais santa paz. Ele é doce e agradável, entende você e é engraçado. A essa altura do campeonato, você está certa de que finalmente encontrou o grande amor da sua vida. E você não deve se culpar por isso, pois essa sensação é tipicamente feminina. Os nossos hormônios entram em ação e os nossos sonhos de Cinderela renascem.

Infelizmente, assim que você baixa a guarda, a máscara dele cai. Cedo ou tarde, esses intrusos sempre acabam revelando a verdadeira identidade. Ele a deixa sozinha, plantada diante da imensidão que é a estupidez humana, e, de repente, é capaz até de atirá-la em um terrível fosso de decepção.

Como sempre, suas melhores amigas estarão ao seu lado para lhe dizer: "Eu sempre soube que aquele sujeito era um cafajeste!". As palavras de consolo parecerão insuficientes, mas os abraços das amigas serão abundantes e os beijos da mãe, infinitos. Sem falar na cotação das ações da Häagen-Dazs, que dispararão graças às suas inúmeras compras de potes de sorvete de baunilha, morango, doce de leite e chocolate – o que provavelmente provocará uma euforia jamais vista nas Bolsas de Valores ao redor do mundo.

Você passará uma noite sozinha, com seu ursinho de pelúcia debaixo do braço e uma caixa com mil e setecentos lenços de papel ao lado – dos quais restarão somente trinta e seis, apenas três horas depois. Você vai tirar do fundo do armário de remédios os DVDs empoeirados de *O Diário de Bridget Jones* e *Bridget Jones no Limite da Razão*, depois de tê-los guardados ali seis semanas antes, com a certeza de que você nunca mais "precisaria" assisti-los. E você adormecerá chorando, determinada a retomar o controle de sua vida e a esquecer aquele maldito ser humano.

Então, você retoma sua vida de solteira, reaprende a viver e a aproveitar cada singelo momento que lhe é oferecido, e que lhe ajuda a respirar fundo e seguir em frente. Esses singelos momentos só seus são justamente o que a faz se sentir bem, mesmo estando "avulsa". Esses momentos em que, depois de um dia difícil no trabalho, com funcionários incompetentes ou um chefe para lá de boçal, tudo o que você quer é tirar os *scarpins* Fernando Pires, número 36, e as lindas meias Thais Gusmão, para sentir melhor o contato dos pés no chão e conseguir relaxar. Esses momentos nos quais você gosta de fazer um suco supervitaminado com um *mix* de frutas e logo depois encher a banheira, preparar um daqueles maravilhosos banhos de espuma com velas e um perfume no ar que desperte seus sentidos.

Esses momentos de solteirice, em que todas nós, mulheres, gostamos de ficar horas e mais horas penduradas no telefone ou conectadas no Skype, porque dá para falar, falar e falar à vontade com as mãos livres, – graças à capacidade feminina de realizar mil coisas ao mesmo tempo – ainda dá para fazer outras coisas, como algo para comer ou separar a roupa para o dia seguinte (pois você tem um encontro marcado com um antigo ex, que "só quer saber como vão as coisas", mas que por pura coincidência acabou de levar um fora do mais recente "casinho" dele). Esses momentos deliciosos nos quais você conta para sua melhor amiga que trabalhar ficou muito mais agradável, porque no escritório tem um novo cara que é uma gracinha, e você simplesmente não consegue desgrudar o olho dele!

Esses pequenos prazeres da vida cotidiana, como ver pela quadragésima sétima vez um episódio de *Friends*, que você já sabe de cor e salteado, mas que mesmo assim não se cansa de assistir – vai entender! Ou aquela oportunidade deliciosa de atacar um brigadeiro que você fez, comendo direto da panela, enquanto assiste a *Paixão à Flor da Pele*, choramingando embaixo do edredom e murmurando para o mocinho do filme: "Não... Não desista! Está na cara que ela te ama".

São momentos como esses que fazem com que a gente goste de ser uma mulher solteira. Porque, aí, dá para apreciar melhor tantas coisas, como aqueles braços incríveis, com músculos bem definidos, do seu vizinho, e se dedicar a ações mais nobres, como uma semana de liquidação imperdível.

Quando ficamos solteiras de novo, curiosamente tudo fica claro e volta a ser evidente. Reencontramos nossas prioridades de vida e, de um jeito meio inusitado, certo equilíbrio. E ainda conseguimos administrar nossa vida com mais inteligência e retomar todas as coisas que havíamos deixado de lado por causa daquele imbecil. Passamos a focar mais no trabalho e conseguimos até antever se iremos ultrapassar nossos limites. Sonhamos menos, ficamos menos avoadas, mantemos os nossos pezinhos mais firmes no chão. Fazemos esforços em benefício de nós mesmas e reaprendemos a viver sem um homem ao nosso lado. Às vezes as feridas abertas levam algum tempo para cicatrizar, mas, quando finalmente isso acontece, recuperamos miraculosamente nossa visão. O que prova que é verdade – e qualquer mulher pode confirmar isso – que o amor nos deixa cegas.

Aliás, eu também sou prova disso, pois em determinado momento da minha vida eu fazia a todo mundo a seguinte pergunta: "Estou obcecada e não consigo parar de pensar nele... Como é que faço para esquecê-lo?"; e, se não me engano, ninguém me deu uma boa resposta, algo que preenchesse as minhas expectativas. Os caras para quem eu fiz a bendita pergunta respondiam "Sai comigo!"; e quando eu questionava as garotas, ouvia "Sai com ele!" – ou seja, um bando de perdedoras...

Naquela época, eu não entendia por que sempre achamos que é tão difícil suportar quando o dito cujo se manda, mesmo ele sendo um idiota completo! No entanto, muito antes de conhecer o cavalheiro em questão, nós vivíamos bem sem ele, aliás, nem sabíamos que ele existia. Então, por que depois de tê-lo conhecido dizemos que precisamos dele para existir e viver tranquilas? Mas rapidamente eu tive de aprender uma coisa tão evidente quanto simples: quando entrou na nossa vida, esse idiota (que não queremos vê-lo ir embora) trouxe consigo uma semente e a plantou em nossa cabeça, em nosso coração e em nossa alma. As lembranças, quando ele se vai, passam a fazer parte da nossa ruína, simplesmente.

Eis por que sofremos: ele arranca de volta o que nos deu e plantou, as recordações, uma gota de felicidade, os momentos de alegria, os sorrisos e, sobretudo, uma sensação de bem-estar e aconchego. Sentíamo-nos seguras com ele e apesar de todos os seus defeitos, ele nos dava o que queríamos, uma sensação de proteção e segurança. Sob o olhar dele, nós crescemos, e o fato de ele ter partido faz com que nos perguntemos: quem conseguirá substituí-lo e sob o olhar de quem poderemos evoluir outra vez?

De maneira lógica, eu diria que será sob o olhar de um outro homem que mostre e enraíze dentro de nós a mesma tranquilidade que o amado anterior. E em geral, depois de colar os cacos do coração partido, a maioria das mulheres compreende (mais ou menos) a situação e incorpora inconscientemente o seguinte pensamento: "Perdi uma batalha, mas não a guerra".

E, então, alguns meses depois – ou quem sabe até algumas semanas – já estaremos prontas de novo para a caça intensiva ao homem ideal. E, então, será a hora de colocar em campo todos os soldados, de sacar o BlackBerry da bolsa e assumir, sob as ordens indiscutíveis da líder, a posição de combate.

Você reluzirá com o brilho da juventude eterna: vai arrasar nas baladas mais descoladas, reinará no camarote VIP e lá conquistará o gato sarado com um Rolex no pulso, pelo qual a mulherada toda estará se matando. Decidida a ser feliz, você definitivamente encerrou a fase da derrota! Claro que você já bloqueou seu ex no MSN, apagou o perfil dele do Facebook e nem lembra mais que ele existe, por isso agora só falta encontrar alguém que consiga fazer você sentir aquele friozinho na barriga novamente.

Para isso, então, e como é de se esperar, você vai ajudar a sua sorte: vai engatar um encontro no outro, com alguns gatos que amigos lhe apresentaram (sem deixar de, antes disso, afirmar para si mesma que com "esse" você faria um par perfeito); e nos tais encontros, você dará tudo de si, ficará bem à vontade ao emitir sinais ardentes que um radar atento perceberia e, com certeza, aos quais não ficaria indiferente.

Além disso, desde o ParPerfeito até o WebCupido, passando pelo Xaveque.me, você se inscreve em tudo que é *site* de encontros – conhecidos e desconhecidos –, achando que talvez essa seja a solução para alguns tropeços passageiros da sua vida. Bem, o fim justifica os meios, e em tempo de guerra todas as armas são autorizadas, mesmo os encontros pela internet – cuja verdadeira utilidade ainda não foi demonstrada... Será que esses encontros conseguem nos frustrar ainda mais, porque não encontramos um sapatinho (*scarpin* Gucci, número 36, por favor!) que sirva no nosso pé? Ou será que eles servem para nos consolar, já que, em matéria de sedução, somos imbatíveis? (Afinal já conseguimos fazer cair em nossa rede uns três cretinos estilo filhinho da mamãe...)

No que me diz respeito, há três ou quatro anos eu era uma adepta dessas salas de bate-papo, desses *sites* de relacionamento e encontros e... e, bem, tudo mais que eu achava pela frente na internet. Não porque eu não conseguisse atrair ninguém, mas porque eu sonhava o tempo todo com o homem da minha vida; e eu só pensava na hipótese de que talvez ele também estivesse navegando em um *site* qualquer, procurando por mim. A internet não passava de um meio a mais para eu encontrar o amor da minha vida – e eu queria me cercar de todas as possibilidades para que isso acontecesse.

Ao ficar sabendo por acaso que eu andava vasculhando a internet, minha querida irmã, se bem me lembro, tentou me prevenir: "Toma cuidado! Nesses *sites* só tem um bando de sociopatas e pessoas que não são capazes sequer de fazer contato visual!". E sou obrigada a admitir que 99% das pessoas inscritas nesses *sites* são realmente assim, quando não pior – o que não falta são pervertidos, obcecados, maníaco-depressivos, mitomaníacos, cleptomaníacos reincidentes, feiosos de morrer, caras desprovidos de cérebro ou com coração de pedra, ou um saco de batatas... Confesso que nesses *sites*, seguramente, a gente encontra o que há de pior nesse mundo; e quanto ao melhor, bem, ele existe apenas em outros lugares...

Bem, *só* praticamente! Afinal, não podemos nos esquecer de que ainda sobra 1% de homens legais, que não são nem mortos de fome, nem frustrados, caras que vivem em perfeita harmonia e equilíbrio. Gatos que estão cansados de só se deparar com mulheres sem cérebro e peitudas (Sim, sim... Esses homens existem!).

Enfim, eis por que eu continuei teimando em dizer que apesar de alguns inconvenientes (e, cá para nós, enormes inconvenientes!), a internet poderia funcionar como um meio a mais de ser bem-sucedida na minha busca e, quem sabe, encontrar a joia rara.

E eu também gostava do lado pragmático da coisa. Para mim, esses *sites* ofereciam a possibilidade de fazer uma triagem, dentro do conjunto de pessoas cadastradas, e me permitia, de maneira concreta, definir e escolher os perfis de homens que mais me interessavam. Ou seja, aos meus olhos isso representava um enorme ganho de tempo nessa corrida contra o relógio, que eu tinha desencadeado para tentar encontrar minha joia rara. E ainda por cima eu achava engraçada a ideia de poder "marcar" um cara, quando as fotos ou o perfil dele me agradassem. Resumindo: era um supermercado gigante! Com todo tipo de tempero, algumas vezes já com o prazo de validade vencido, outras nitidamente estragados ou podres. Mas, com alguma sorte, bisbilhotando com atenção, dava para achar, em uma gôndola escondidinha, uma delícia das mais açucaradas, daquelas que nos deixam com água na boca e nos fazem lamber os beiços mesmo antes de experimentar.

Em geral, tendemos a achar bem legais as nossas experiências nos *sites* de encontros. Uma coisa nova, amigável, rápida e barata (para as mulheres, o acesso à maioria desses *sites* é gratuito!). No começo, olhamos a todo instante nossa caixa de entrada de *e-mails*, para ver se alguém do *site* de encontros nos mandou mensagens, e quando recebemos, vamos às nuvens! A gente não se considera mais solteira, mas envolvida – aliás, bem envolvida! Com o tempo, quando nada se concretiza, a gente acaba caindo na rotina e no tédio! E aprendemos depressinha, quando lemos nossos *e-mails*, que o "*playboy*789" que nos adicionou é, na realidade, um ruivinho gorducho, e que o "enrique34", que diz ser solteiro porque é muito exigente com as mulheres, além de ser perfeito demais, na verdade é um idiota com QI praticamente nulo – e, ainda por cima, as fotos em que vimos como ele é lindo são só um truque!

De certa forma, foi por esse tipo de coisa que eu acabei me desconectando dos *sites* de encontros, mas também por causa da (ou graças à) inesquecível mensagem que li com muita surpresa e que fez com que eu me conscientizasse de que precisava urgentemente me afastar desse mundo de "caça virtual": "Oiêêê, meu nome é Jonas, tenho 32 anos, sou educador e fiz pós-graduação, mas resolvi dar uma guinada na minha vida. Arranjei um trampo muito mais bacana: balconista no correio de um cidadezinha a uns oitocentos quilômetros da capital, e vou me mudar para lá em breve. Quero uma companhia pra viver isso comigo, e se você tiver interessada... Vamô aê!" Uau!!! O que foi isso? Será que, por um segundo que fosse, eu já teria me imaginado morando ou mesmo saindo uma única vez com um cara que, aos trinta e dois anos, havia acabado de descolar um "trampo" de balconista no correio? Olha, fiquei tão abalada, isso mexeu tanto comigo que, de uma vez por todas, eu decidi me descadastrar desses *sites,* que me obrigavam a fazer perguntas demais a mim mesma. Saquei que, na realidade, esse tipo de encontro não tinha nada a ver comigo e, sinceramente, também passei a duvidar que o homem da minha vida pudesse estar ali!

Além do mais, achava um porre ter de iniciar longas conversas virtuais que eu sabia que não dariam em nada. Para uma pergunta idiota: "Eaê, q q vc tá procurando?". Uma resposta cretina: "Bom, na realidade, estou procurando o Papai Noel, e me disseram que ele trabalhava aí". Diálogos vazios e sem sabor que, somados aos aspectos estético e físico, mais do que nojentos de muitos dos caras que ali estavam, acabavam me chateando profundamente. Enfim, ia ser realmente muito difícil encontrar um sujeito normal, que falasse, agisse e se vestisse normalmente: sem cavanhaque, ou um que pelo menos não emendasse com as costeletas, sem bijuterias ou colares de praia, sem ter oitenta por cento do corpo coberto por tatuagens, sem pochete, sem palitinho nos dentes, sem chapéu-coco e botas de couro, sem ser careca e com rabinho de cavalo...

Eu queria um cara que soubesse quem foi o historiador Heródoto e, ao mesmo tempo, tivesse ouvido falar em Lagerfeld. Mas, em vez disso, topava com material danificado, que não era bom e com certeza nunca seria. Só tinha conhecido uns tipos com cara de rato e que pareciam sedentos por sangue, ou com cara de pãozinho francês, ou com cara de presidiário, ou com jeitão de pedófilo... Enfim, uns manés rústicos demais e que realmente me desestimularam.

Hoje, para mim, nada vale mais que um encontro espontâneo, e esse prazer do momento em si, que a vida nos oferece, para curtirmos uma conexão real. Quando o olhar de um homem cruza com o seu e lhe dá aquele arrepio na espinha; é disso que eu gosto, dessa química imediata e real, que não nos engana. Quando o coração dispara e parece que vai sair pela boca, e surge entre você e o sujeito que acabou de conhecer uma atração inexplicável e um encanto que parece mágico; sentir isso é que é bom!

Mas, infelizmente, isso é raro, também. O que faz um monte de gente se inscrever nesse tipo de *site*, favorecendo os encontros fáceis e correndo o risco de eles serem banais, vazios e decepcionantes. Particularmente, eu nunca fiquei neurótica para ter um relacionamento ou um encontro amoroso; e ser solteira nunca foi um fardo para mim (a não ser durante minha adolescência, mas isso são outros quinhentos). Acho que temos de aprender a apreciar a vida e tudo mais que ela nos oferece; dar a essas coisas o seu justo valor. Cada etapa vivida é necessária para retomarmos o fôlego, reposicionarmo-nos, aprendermos mais e evoluirmos. Não há como recomeçar a caminhada e evoluir se nossa mente, nosso coração e nossa alma não foram direcionados para isso. É preciso um motor para provocar algumas reações, e o seu celibato, a sua solteirice, ao contrário do que muita gente pensa, não é empecilho algum, nem mesmo um carma, é simplesmente uma forma de fazer com que você entenda certas coisas. Você precisa aprender a ter autonomia e a manter seu equilíbrio sozinha para, depois, levar isso à sua relação de casal. Ah, se as pessoas conseguissem entender isso... E eu espero que minhas clientes compreendam.

Algumas mulheres apelaram aos meus serviços só para finalmente terem o "queridinho" ao lado delas. Eu sempre julgo crucial fazer longas entrevistas com minhas clientes, e é necessário que elas sejam sinceras comigo. Conferir suas motivações, conhecer seu estado de espírito, envolver-me em seus sentimentos, tudo isso permite me acercar mais de seus problemas para, em seguida, lidar com eles de uma maneira melhor.

Talvez, nesses casos especificamente, eu não tivesse necessariamente de falar com elas durante horas, pois algumas vezes eu achava que estava vendo nelas a adolescente que eu fui um dia: uma garota frágil que queria mudar o curso de sua modesta vida, para torná-la mais bela, com as lindas cores do arco-íris.

Essas mulheres chegavam dispostas a vender sua alma ao diabo só para conseguir o que elas tanto desejavam, ou seja, simplesmente um bem-querer. "Simplesmente" para os outros, porque, para elas, isso significava muito. Se eu partisse para uma explicação freudiana ou mesmo começasse a falar da teoria da relatividade e muitas outras possíveis elucidações teóricas, provavelmente assustaria essas mulheres e, principalmente, as perderia. Às vezes precisamos ser curtos e grossos, dar aos clientes o que eles procuram e ponto final. Essas garotas apenas sonhavam com um homem e com o relacionamento que ele pudesse lhes oferecer. Elas não queriam escapar dos cafajestes, pois nem haviam percebido que eles eram isso. Por isso era perfeitamente inútil que eu as alertasse: elas não me ouviriam, pois sua falta de experiência não as deixaria perceber o suficiente e eu só iria apavorá-las. Elas queriam passar pela experiência, ter relacionamentos, fazer os contatos, pouco importava no que tudo aquilo daria, para elas bastava um começo. Grosso modo, para elas pouco importava cair nas garras de um sujeito que em um primeiro contato se mostrava muito legal, mas que na realidade era um psicopata, que parecia ter saído direto de um filme de terror proibido para menores de dezoito anos. Bom, pelo menos era assim que eu via as coisas! E para mim era uma verdadeira alegria dar-lhes o que elas queriam.

Esse tipo de cliente me encantava, pois elas me permitiam conciliar prazer pessoal com obrigação profissional: teríamos imperativamente de passar pela etapa de compras e mudança de *look*, a famosa "repaginada". Psicologicamente falando, vocês devem saber que, de certa forma, uma mudança de postura diante da vida e de guarda-roupa ajuda a renovar a vida, dar uma nova luz a ela e transformar qualquer uma em outra mulher. E eu tinha de ensinar àquelas garotas, que estavam perdidas na vida e longe de serem compradoras compulsivas ou aficionadas por moda, a se valorizar para poderem ser desejadas. E essa é a parte mais divertida do meu trabalho!

Falemos a verdade, hoje em dia a aparência tem de ser legal, bonita, pois a primeira coisa que todo mundo faz é justamente julgar pela aparência! Ser infeliz dentro de um vestido de alta-costura Versace fará de você uma mulher com *glamour*; mas ser infeliz dentro de um macacão de sarja comprado no mercado municipal só fará de você uma coitada. E isso não fui eu quem disse, o mundo inteiro é que instituiu: ou a gente é *in* ou a gente é *out*. Ou a gente some em meio à massa anônima, sem criar uma identidade social, ou a gente abre um caminho em direção à diferença, impõe-se e exibe nosso estilo.

Ah, não fique escandalizada com essa forma de pensar, e não se ofenda se você não estiver *up-to-date* ou não corresponder ao padrão *fashion*. Também não se engane com minhas palavras e não permita que elas a deixem nervosa. Só aprenda onde pisar na vida, pois, quer queira quer não, quer você calce sapatos de salto Gucci ou Havaianas genéricas, efetivamente existem regras que definem limites e fronteiras dentro da sociedade – e isso não tem nada de superficial ou anormal. E se eu aprovo esse ponto de vista, que, aliás, eu qualificaria de pensamento filosófico, é justamente porque nele encontro certa forma de inteligência. Pois não se trata de usar roupas escolhidas entre tantas outras, trata-se, antes de tudo e sobretudo, de juntar peças, cores e tecidos, de forma que, uma vez combinados, eles se tornem uma unanimidade.

Lógico que não estou falando de todos esses produtos de *marketing* que encontramos amontoados em cima de adolescentes cheias de espinhas à procura de si mesmas ou em meninas vazias e perdidas fascinadas pelos quinze minutos de fama concedidos pelos *reality shows*. Estou falando da Moda, aquela à qual nos referimos com M maiúsculo, que atrai todos os olhares, maravilha-nos e reina sob os holofotes. Eu estou falando de todas as roupas que nos fazem acertar o alvo, independentemente de qual homem do planeta ele seja! Essas peças "tenho de ter" e que nunca serão "já era". Estou falando do sobretudo bege que você precisa ter no armário, daquele eterno *tailleur* que qualquer mulher normal precisa ter no guarda-roupa e do pretinho-básico-sempre-tão-chique; estou falando do *jeans skinny*, da calça de alfaiataria, dos incríveis óculos de sol à la Jackie O. e do vestido de festa estilo Grace Kelly. Estou falando de roupas e acessórios que causam impacto, mesmo depois de um século. Saias-lápis de cintura marcada... Sandálias gladiadora, pelas quais deliramos assim que foram lançadas, e jaquetinhas de couro desgastado estilo *rock star moderno*. Essa bendita alta-costura, as novas tendências e as várias *fashion weeks* e seus desfiles, uns mais exuberantes que os outros. As revistas de moda e suas matérias que nos fazem sonhar; essas milhares de noites *fashion*, para as quais poucos e notáveis são convidados; sem esquecer todos os conceitos de moda e todas as noções estéticas que assumiram o controle do mundo e que se recusam a ceder seu poder a quem quer que seja.

Eu ensinava às minhas clientes que, sem poder mudar o mundo e sua forma de evoluir, talvez fosse mais sensato e perspicaz mudar sua forma de se vestir e, consequentemente, todo o seu guarda-roupa. Isso faria com que elas tivessem mais sorte em suas investidas, vocês hão de convir comigo.

Os outros podem dizer o que quiserem, mas sabemos que um bom dia de compras faz milagres e joga nosso astral lá para cima! Esses dias realmente sabem provocar os mais belos sorrisos, só por termos encontrado algumas peças incríveis que imaginamos poder usar no próximo verão ou na balada do próximo fim de semana. Pensar em dias de compras, inevitavelmente, é pensar em dias para se revigorar e ter orgasmos. Ideias que gostamos de associar, e não é por menos, pois nesses dias você pode encontrar o seu eu, demonstrar seus talentos, sonhar, viajar, se estimular, e se gabar pensando que outras mulheres estão presas em um escritório, submetidas às críticas do chefe, enquanto você... Ah! Você está no reino da felicidade, deleitando-se com alegria e mais alegria, provando roupas e prevendo os olhares que elas atrairão para você e seu sucesso garantido!

Nesses dias, é você e só você, ou melhor, é você e seus cartões de crédito (ou talão de cheques, se os seus cartões de crédito foram cancelados por causa do limite estourado

– coisa que acontece bastante com muitas de nós). Você e seus desejos realizados; você e as peças *hit* da estação: sandálias Jimmy Choo, sapatos Manolo Blahnik, bolsas Gucci, *tailleurs*, *jeans*, saias, *lingeries* finas e "incidentalmente" acessórios...

Nada pode estragar esses dias tão míticos e mágicos! Eles são preparados como verdadeiros rituais. Para começar, avisamos todo mundo, para causar bastante inveja e, assim, desfrutar desse dia com mais prazer! Qualquer pessoa que nos conheça deve ficar sabendo que aquele é um dia excepcional para nós. Depois, preparamo-nos psicologicamente: depilação, massagem, hidratante, máscara e tudo mais que merecemos – mesmo que leve tempo e seja dolorido, fazemos! Especialmente a depilação... Porque você não quer ver o olhar de espanto daquele charmoso vendedor da Dior, quando ele reparar em suas sobrancelhas de porco-espinho; e muito menos ficar louca de raiva quando se deparar com aquela loira de um metro e setenta, vestida com um suntuoso *tailleur*-Chanel-de-caimento-impecável, exibindo pernas de Cláudia Raia, enquanto as suas mais parecem as do Rambo, porque simplesmente não estão depiladas!

Também é praticamente uma tradição obrigatória vestir-se impecavelmente e ter um visual bem-cuidado, pois evidentemente queremos evitar que essas molecas de dezoito anos que trabalham meio período na Zara, sob o pretexto de terem metade da loja no guarda-roupa porque têm direito a desconto de trinta por cento, queiram se atrever a nos dar conselhos sobre o que fica bem ou não em nós. Por isso, para se poupar desse tipo de situação chata, é preciso criar um certo distanciamento e despertar admiração – que, diga-se de passagem, também servem para afastar qualquer gerente de loja que insiste em nos forçar a comprar inutilidades, daquelas que a gente não saberia o que fazer com elas depois, ou ainda impedir que qualquer babaca possa imaginar: "Talvez ela seja a mulher da minha vida, vou lá bater um papo com ela".

Durantes esses dias, a gente se desliga completamente do mundo, tira da cabeça todos os homens, os problemas financeiros e os pais que nos atazanam o dia inteiro, que não entendem que já somos mulheres e vivemos nossa vida como bem entendemos. Desligamo-nos de tudo e só pensamos em moda! A gente só pensa no olhar das pessoas quando nos virem no nosso novo casaquinho de caxemira Ralph Lauren, ou naquele vestido que destaca perfeitamente as nossas curvas e que nós compramos em uma lojinha qualquer, mas que é tão sensacional que certamente todo mundo pensará que é um Dior...

Você terá a oportunidade de passar dias superagradáveis, sem aquele povão se debatendo, com medo de perder a roupa que eles acham incrível; e sem a vendedora pegajosa que acaba com a paciência de qualquer uma dizendo que "o vestido de poá vai ficar lindo com o casaquinho listrado que custava quatrocentos e cinquenta, mas teve um desconto e sai por apenas quatrocentos e dezessete". Nenhuma roupa brega nas vitrines, no estilo fantasia de Carnaval; além de roupas que, mais que encantar, também servem em você.

Esses momentos de compra consomem todas as vinte e quatro horas do dia, mas trazem mais prazer do que qualquer outra coisa. São dias em que a gente acaba gastando os tubos e detonando o cartão de crédito, mas pouco importa a fatura ou a conta no vermelho, nada consegue tirar a enorme satisfação que sentimos com nossas novas aquisições, nem destruir essa paz repentina que toma conta de nós! Nada é capaz de nos tornar mais responsáveis, mesmo tendo prometido ao gerente do banco que seríamos mais ponderadas em nossos gastos. Que nada, dessa vez acabamos fazendo muito mais compras do que da anterior. Mas e daí?! É só pensar que o gerente do banco é um babaca! Pois é óbvio que muita gente (entre elas o gerente do banco) acha que agimos de maneira um tanto imatura e impulsiva (quando sacamos o cartão de débito, por exemplo), pois não consegue perceber os diferentes objetivos que visamos e os muitos embates que enfrentamos no dia a dia.

Eu poderia falar disso durante horas com minhas clientes e, ainda assim, elas não conseguiriam captar a dimensão do meu amor e interesse pela moda. Essas garotas parecem viver em outro planeta. São garotas de cabelo lambido que estão longe de assistir a *Sex and the City*, por acharem a série muito ousada (aliás, nisso eu até concordo). Podemos compará-las ao Mogli, pois nunca saíram do buraco onde moram nem desconfiam que Nova York é a capital dos descolados.

Com elas, eu tinha um enorme trabalho de base e de formação a realizar. Essas garotas não entendiam por que pareciam invisíveis para a população masculina; e eu estava ali para fazê-las entender, de forma dura e crua, mas totalmente necessária, que elas não eram nem um pouco desejáveis e que, mesmo gastando mundos e fundos, os homens não iam querer nada com elas.

Eu percebia minha ponta de crueldade, minha agressividade... Essa maneira franca de falar que, certamente, faria aquelas coitadas se debulharem em lágrimas à noite, quando voltassem para casa. Mas, nesses casos, você tem de recorrer a atitudes grandiosas e fazer as pessoas entenderem pelo método mais imponente – e com o melhor resultado possível – que certas coisas não podem absolutamente ser encaradas de forma leviana, caso contrário, corre-se o risco de ter de conviver com os problemas eternamente.

Meu trabalho não consistia em passar a mão na cabeça delas, mas em contar minhas experiências e impor meu ponto de vista. Era imperativo que elas estivessem de acordo comigo. Além de ser preciso que, às vezes, eu cutucasse um ponto mais dolorido, pois o que pode ser óbvio para uns, não necessariamente é para outras. Pode-se pensar que todo mundo sabe que uma aparência bacana tem muita importância no amor (entre outras coisas), mas há pessoas que não percebem isso. É uma questão de vivência, de cultura, de educação, de experiências, enfim, de um conjunto de fatores, além do meio onde você cresceu e evoluiu, que faz com que você tenha uma certa visão do mundo – a qual não obrigatoriamente é a melhor maneira de enxergá-lo. Essas garotas poderiam ter sido gênios da aritmética, da álgebra ou da matemática, mas elas ignoravam tudo a respeito da valorização de si mesmas.

Pode parecer estranho para você, mas para mim não era, pois um dia eu já estive no lugar delas... E, assim como elas, eu não ousava, porque tinha receio de errar. Eu achava que devia, tal qual um cordeirinho, seguir a tendência e as vontades dos outros, então eu continuava na inércia e imitava os outros, mas nunca realmente me colocava lado a lado com eles.

Precisei de muitos erros, muitas incertezas e, devo confessar, muito choro para aprender. Por isso é que eu conseguia saber o que elas sentiam quando eu dizia, propositalmente para chocá-las: "Se você continuar assim, ficará para titia!". Eu sabia que estava pegando bem pesado, porque era o tipo de frase que provocava o efeito de uma bomba na minha vida durante minha adolescência. Eu ficava doente só de ouvir isso e não entendia por que tanta maldade, mas hoje agradeço por ter passado por tudo isso, o que me deixou mais equilibrada e em harmonia comigo mesma.

Hoje, eu sei, sou capaz de ensinar a quem me ensinou. A aluna superou o grande mestre em seu aprendizado, e com bastante orgulho, depois de muita espera, derrotas e duros golpes. Os erros são necessários para a compreensão da vida; e a raiva, mais ainda. Se você quiser ter sucesso, precisa ser cutucada de todos os lados, precisa sofrer, estudar e reaprender, precisa se encher de uma força enorme e ter como único objetivo sua felicidade – só assim você chegará ao topo.

Para minha mudança radical, não houve nenhuma pessoa em particular que tenha me ajudado, nem direta, nem indiretamente. Acho que, quando isso acontece, é por causa de um todo: das palavras vexatórias que as pessoas lhe dizem; de seus anseios; dos objetivos que você almeja; das amigas que você inveja; dos imbecis que a fazem sonhar, mas parecem inalcançáveis; e até da sua irmã mais velha, que não para de xeretar sua vida e tenta te menosprezar sempre que pode. Pelo menos no meu caso, foi um todo que me transformou nessa mulher que sou hoje. Certamente não vou esquecer meu primeiro grande amor, a quem eu teria dado tudo – e que devastou a minha vida... Quando seus olhos me encaravam, eu me sentia viva, e não me cansava nunca de sua voz, de suas palavras e de sua pele, muito menos de tudo aquilo que ele generosamente tinha me dado. Em parte, ele mudou muito minha vida, me fez uma pessoa melhor, mais forte e, principalmente, mais confiante. Ele sabe que foi ele, e eu jamais o esquecerei.

Era dessa forma que eu desejava que minhas clientes se lembrassem de mim, como aquela que havia mudado um pouco a vida delas, e não importava se elas me considerassem cruel e infame por tudo o que eu havia dito ou feito a elas. Para o grande bem dessas garotas, era preciso que eu agisse dessa forma e tentasse inculcar na cabecinha delas as bases necessárias para ter o controle da situação. Não se costuma dizer que não se faz uma omelete sem quebrar os ovos?! É seguindo esse conceito que eu trabalho com esse tipo de cliente: é preciso chacoalhar para pegar no tranco, avançar e ganhar a corrida!

Lembro-me perfeitamente dos motivos pelos quais eu tinha dificuldade de me valorizar na adolescência: eu não sabia como fazer e tinha medo de fazer. Era como se eu temesse que a roupa continuasse suja mesmo depois de lavada na máquina; eu tinha medo de que, mesmo estando maquiada, penteada e bem-vestida, a situação continuasse a mesma, sem mudanças, e que ainda me zoassem dizendo: "Puxa vida, como você é feia!". Como eu tinha medo disso acontecer, eu não fazia nada para mudar e não deixava ninguém fazer o que quer que fosse, pois, enquanto houvesse uma dúvida, haveria a possibilidade de eu me surpreender e continuava sonhando que viraria "um avião".

Bem, apesar de meu "eu adolescente" ser bem parecido com essas clientes que me procuravam, pois elas tinham as mesmas preocupações que eu no passado, elas não deixavam de ter uma certa vantagem... Essas clientes queriam ajuda, mas não qualquer ajuda. Elas queriam a minha ajuda! Essas mulheres tinham uma potente arma para alcançar o sucesso: a *Hitch girl*. E é sempre uma alegria poder falar de minhas experiências para que se possa tirar algumas lições delas e, principalmente, algum proveito.

Nesse caso, então, como demonstrar que a aparência e o físico que cultivamos muitas vezes podem culminar em nossa felicidade?!

Uma aparência e um físico atraentes sempre se revelam, digamos, aprazíveis, e eu acho que eles são realmente necessários para a vitória desejada. Pense no George Clooney e no *frisson* que ele causa entre todas as mulheres do planeta. Agora faça uma comparação entre ele e... aquele seu colega de escritório. Já fez? Não preciso nem continuar explicando, não é?! Esse único exemplo me permite demonstrar quão coberta de razão eu estou.

A aparência, mais do que importante, é simplesmente fundamental. Cuidar dela e elevá-la ao mais alto grau fará com que muitos a admirem, e alguns até mesmo se deleitem ao observá-la. A solteirice nunca mais será uma preocupação para você. Afinal, a definição de desejo, segundo o dicionário, não poderia ser mais clara: "Vontade ou fato de querer possuir algo ou alguém", literalmente. A essa definição eu acrescentaria alguns sinônimos, só para reforçar quão importante a aparência pessoal pode ser no amor: apetite, aspiração, atração, esperança... E ainda: tentação, necessidade, cobiça...

Como, então, provocar no outro todos esses sentimentos em vez de repulsa? Como atrair para sua vida homens com físico e charme que a deixaria nas nuvens? Simplesmente da mesma maneira que eles se dignam a fazer: cuidando do seu jeito de ser e da sua aparência.

Por isso, eis a primeira etapa a ser vencida com as "meninas Mogli": em cinco dias, passar vinte e cinco horas dentro de lojas e renovar seu guarda-roupa. Isso já não era meu trabalho, mas a lição de casa delas. Eu não queria mudar quem minhas clientes eram, caso contrário, elas ficariam, de certa forma, anuladas e desorientadas em sua nova vida. Eu só queria que elas ganhassem algumas posições nessa corrida rumo a seus objetivos.

Você não pode mudar as pessoas e violar sua essência, pois isso afetaria a imagem que elas têm de si mesmas; temos de saber respeitá-las e pensar em como fazê-las evoluir dentro de seu próprio perfil. Portanto, eis minhas perspectivas para as "meninas Mogli": lá fomos nós, juntas, percorrer a Zara, a Mango e outras lojas de departamento. É inútil visar as grandes grifes quando não se sabe o que é a Moda. Até porque nem sempre há recursos financeiros para isso. Cada coisa ao seu tempo, e um tempo para cada coisa. Mesmo com um orçamento mais modesto, você pode visitar lojas de marcas mais populares e descobrir o que usar durante pelo menos duas semanas seguidas.

As "meninas Mogli" eram três: uma gostava de preto; a outra, de branco; e a última não tinha a mínima ideia de que cor preferia. Nesses casos, eu sempre decido ver o que as pessoas são capazes de decidir por si, antes de meter meu bedelho. Elas tinham o tempo que precisassem para fuçar nas prateleiras e reunir tudo de que gostassem e que lhes despertasse alguma "alegria". Quanto a mim, nesse meio-tempo, grande *habituée* do pedaço, como uma perita de compras deve ser, eu corria para as áreas de descanso das lojas, com seus pufes macios, balas deliciosas e revistas de moda.

É assim que gosto de trabalhar: incentivar as pessoas, orientá-las, enquanto você fica observando. Uma verdadeira Mulher-Maravilha dos tempos modernos, com minha agenda de um lado e um *cappuccino* do outro. Bem, mas chega o momento em que o *cappuccino* acaba e a gente precisa voltar ao trabalho com as "meninas Mogli".

Assim que elas voltam de sua caça ao tesouro, podemos, então, juntas, determinar, dentre as roupas que elas haviam escolhido, as que as valorizavam ou não – essa era a minha parte do trabalho:

— Isso a gente deixa. Isso a gente leva. Isso a gente deixa. Isso...?? Você está brincando!

— Ããã... A gente leva ou não?

— Nããão!!! A gente deixa! Se você usar esse tipo de trapo, é uma candidata à forca!

Não importa se é Zara ou Yves Saint Laurent, se é Mango ou Salvatore Ferragamo, às vezes, no meio das coleções aparecem umas atrocidades nauseantes, com as quais ninguém saberia o que fazer. E as "meninas Mogli", sem senso algum do que é bom ou ruim, não tinham a mínima noção do que elas deviam ou não fazer – precisavam ser guiadas por mim. Como o "eu" delas era condescendente e aceitava uma variedade bastante abrangente de "gostos", minha tarefa era defini-los, e da forma mais rigorosa possível.

Quando não sabemos nos vestir, o que se tem de fazer em primeiro lugar é conhecer as bases da moda. Eu aconselho a todas as clientes com esse perfil a sempre começar levando peças clássicas: quatro ou cinco saias ou calças de cores diferentes, mas sóbrias (preto, bege...), e quatro ou cinco blusas de cores também diferentes e, é claro, sóbrias. E assim se vai aprendendo: a alternar peças, compreender que nunca se deve associar mais de três cores no mesmo *look*, não misturar cores vibrantes e nunca apostar em um visual "totalmente rosa", para não ser confundida com a Pantera Cor-de-Rosa. A todas elas, eu oriento a deixar no armário as roupas excêntricas, que só causam furor durante o Carnaval; ensino a esquecer os trajes de Jane na floresta, as oncinhas e todas as estampas animais; e revelo que bolinhas combinadas com listras, florzinhas, estrelinhas, ou sei lá o que mais, não são uma boa escolha.

Com as "meninas Mogli", era necessário reforçar esses conceitos sempre e, dia após dia, percebíamos alguns pequenos esforços aqui e ali. Enquanto se progredia com as roupas dava para investir no lado da beleza... Ah, MAC, o que é que eu faria sem você?!?! Embora a beleza seja algo subjetivo, não há dúvidas de que se pode melhorar um visual com alguns produtos milagrosos, que realmente são uma prova da misericórdia divina.

Eu poderia ter largado minhas clientes no setor "conselhos", como uma sacola que a gente larga no guarda-volumes de uma grande loja para poder circular livremente por seus corredores, mas sempre me senti responsável por cuidar delas. Porque, para mim, deixar uma pessoa que não sabe nada de nada de beleza e estética nas mãos de vendedoras loucas para descolar uma comissão, e que estão prontas para empurrar para cima das coitadas das clientes o estoque inteiro da L'Oréal e toda a linha da Clinique, certamente não é nada bacana.

Uma vendedora que honra sua profissão acompanha suas clientes etapa por etapa, cuidando de tranquilizá-las, mas sem deixar de orientá-las.

Sou eu quem revela certos segredos de beleza e aconselha a compra desse ou daquele produto muito mais eficaz. Mas é lógico que, como cada mulher é única, com relação ao tipo de pele, cabelos ou cor dos olhos, cada uma tem de usar os produtos mais indicados para o seu caso.

Conforme o plano escolhido e contratado, elas tinham direito a um pacote completo: depilação, hidratação labial, manicure, pedicure, massagem, máscara facial, aula de maquiagem, visagismo, cabeleireiro – o que pode ser chamado de um "tapa geral". Para uma cliente "padrão", o programa é simples: ela começa com esportes, perde alguns quilos, sabiamente remodela sua silhueta, dá uma ajeitada na pele, revisa seu modo de se maquiar para ter uma aparência mais natural, mas com mais *glamour*, e finaliza dando mais luminosidade e volume ao cabelo.

E também existem aqueles conselhos básicos que distribuímos à vontade: hidratar a pele de forma bem intensiva, evitar excesso de açúcar e sal na alimentação, praticar no mínimo meia-hora de esporte por dia para preservar esse capital de beleza que os milhares de creminhos nos "deram" e para conservar as células de nosso corpo que essas pílulas de zinco conseguiram alegremente renovar, deixando-nos com uma pele mais radiante.

É bem verdade que fazer todas essas coisas só para ter um modesto namorado pode parecer um tanto exagerado, afinal de contas, pode-se dizer que não estamos atrás de um Tom Cruise. Então, para que gastar nosso tempo e dinheiro em uma repaginação tão profunda? Concordo com esse tipo de questionamento, e minhas clientes também: "É bem absurdo que a gente precise fazer tudo isso só por causa de um cara!". Ah-hã! Mas não gosto nada desse tipo de frase! Porque ela parece me desafiar, e sempre acaba me fazendo mergulhar em uma retórica das mais longas, em que eu sempre engato um discurso sobre a condição humana e, aproveitando o embalo, falo da obra de Malraux, que trata do assunto. Aí eu fico inteligente demais para o simples trabalho que realizo, e minhas clientes nem sempre entendem o que deveria ser útil para elas. Perdemos, assim, um tempo maluco em um eloquente discurso.

Bem, voltando ao que interessa, ao ouvir esse tipo de questionamento, sou obrigada a considerar que minhas clientes certamente não entenderam muito bem as coisas. E, portanto, tenho o dever de resolver as dúvidas que elas possam ter. Por isso é que, quando volto do trabalho à noite, não tenho a chance de assistir à última temporada de *CSI*, nem mesmo de escutar um CD do Lenny Kravitz e dançar em frente ao espelho, sonhando que eu sou uma *rock star*. Ao ouvir esse tipo de pergunta, sinto que preciso dar explicações e respostas mais pontuais. A maioria delas tem uma boa oportunidade de saber o que eu penso a respeito dessas questões, quando eu entrego a elas, no nosso encontro seguinte, duas páginas, preenchidas frente e verso, respondendo ponto a ponto a todas as perguntas.

No caso das "meninas Mogli", são duas páginas explicando palavra por palavra que a autovalorização deve ser feita pensando em si mesma, em primeiro lugar. Para adquirir certa confiança, para valorizar a imagem que temos de nós e, assim, poder viver em total harmonia com os outros. Cuidar carinhosamente de si e melhorar sua aparência hoje servirá não só para você conquistar um amor como também será um benefício que você fez para si mesma e levará por toda a sua existência, além de ser um recurso utilizado em muitas outras áreas de sua vida. Trata-se de definir e/ou reafirmar sua personalidade e de se conscientizar de sua existência, permitindo que seu subconsciente crie uma sólida imagem de si. Trata-se de entrar em harmonia consigo e encontrar um equilíbrio que lhe possibilite diminuir as tensões que você impõe em sua vida; pois quanto melhor for sua aparência, mais você gostará de si mesma, ficará mais segura de si e será capaz de realizar verdadeiras proezas. O olhar de deboche das pessoas passa, então, a não ter mais importância; na verdade, ele deixa de existir e se transforma em olhar de admiração. Você saberá qual é o seu real valor e perceberá do que é capaz, as outras pessoas reconhecerão isso e, de maneira inconsciente, ajudarão você a se sentir mais serena.

Levei bastante tempo para entender isso. E se, na época, uma pessoa competente tivesse me explicado a coisa desse jeito, eu certamente não teria procurado pelo em ovo para tentar entender "o porquê".

Bem, mas o que importa é que depois dessas explicações, as "meninas Mogli" estavam mais motivadas do que nunca para a etapa seguinte de sua transformação: o aprendizado de algumas informações básicas, melhor dizendo, o passo a passo da sedução.

Então, eis que elas estavam ali, com olhos arregalados, sentadas lado a lado em uma sala de reunião de um escritório, que eu alugava para esse tipo de ocasião. Eu me deleitava com essas reuniões, e a cada mês havia mais clientes que no anterior. Elas tinham ouvido falar que em uma sala de reunião de tal escritório aconteciam coisas muito interessantes. Falava-se ali de amor e sedução, debatia-se sobre temas afins e aprendiam-se artimanhas de todos os tipos. Até as recepcionistas ficavam curiosas e tentavam saber mais sobre o evento. Mas essas reuniões eram seletas, só as mulheres que haviam me contatado pelo *site* ou pelo Facebook, em que eu tinha um grupo chamado *Hitch girl*, podiam participar. Eu prezava muito o sigilo do meu trabalho. Havia uma ética de sigilo profissional: nenhum nome era divulgado, nenhum endereço, nenhum número e, principalmente, ninguém saberia o que acontecia lá. Formávamos um tipo de organização secreta, cuja adesão só se dava por meio de procedimentos muito especiais.

Minhas clientes tinham livre-arbítrio, podiam frequentar essas reuniões conforme sua necessidade e seu objetivo ou assistir a elas de vez em quando, sempre que quisessem. Claro que havia mulheres que não queriam se misturar com as outras, com receio de não se sentirem à vontade; mas havia também aquelas que pouco se importavam com isso.

Essas reuniões eram minha recompensa do mês, a ocasião para realizar trocas, comunicar melhor minhas ideias e fazer minhas clientes compreenderem que algumas vezes era necessário um trabalho a longo prazo. Para elas, as reuniões também eram a oportunidade de perceber que elas não estavam sozinhas nessa luta, elas eram muitas e estavam unidas: cerca de trinta mulheres tentando, todas juntas, subir na vida e trabalhando em prol de um único objetivo, a felicidade feminina. Era o conceito *Hitch girl*! Elas já haviam se tornado adeptas dele, e todas se dedicavam fortemente para melhorar, mostrando-se abertas a ouvir o que eu tinha a dizer, envolvidas com seus objetivos, participativas e dispostas a aprender cada vez mais e sempre.

Nossa, como eu gostava dessas reuniões! Para mim, era uma bela ocasião para vestir meu novo conjuntinho Hugo Boss e andar de um lado para o outro como uma apresentadora de TV. Eu tinha plena consciência de ser um modelo para aquelas mulheres – um arquétipo, um exemplo e o objetivo que elas queriam alcançar.

Talvez houvesse um pouco de pretensão minha nesse ato, devo confessar, um pouco de narcisismo e de um orgulho que vinha à tona naqueles momentos. Mas, na realidade, havia principalmente a adolescente magrelinha que fui um dia e que eu recordava agora, cheia de emoção. Todos aqueles olhares cheios de admiração eram a minha recompensa por toda a luta que eu travara havia muito tempo. E isso é realmente um grande orgulho, que você não se cansa de saborear.

Mas, bem, evidentemente o objetivo dessas reuniões não era satisfazer minha pessoa e polir meu ego, mas, de preferência, atender as necessidades das minhas clientes. Como a perspectiva crítica é muito importante, essas reuniões eram a oportunidade que aquelas mulheres tinham de manifestar suas experiências, fazer um balanço dos fatos, emitir opiniões, absorver sabedoria e progredir para alcançar os resultados almejados. Elas iam lá principalmente colocar alguns coringas na manga para sua futura partida de pôquer. Eu as ensinava a blefar, a apostar, a se arriscar... Eu as ensinava a vida e as premissas do olhem-bem-para-mim-porque-eu-cheguei-lá. Eu as ensinava o que é ter classe e elegância, o que é ser descolada e ter atitude. O que eu queria é que elas se impusessem, decidissem dominar o mundo e, de quebra, o coração dos homens.

Pouco importava a hora, o local ou a data, elas sempre davam um jeito de estar presentes na reunião. Pois, para elas, tudo aquilo era mais um prazer do que outra coisa. Nós comemorávamos ao menor blefe de uma delas, aplaudíamos à mais discreta piscadela que elas tivessem conseguido dar e caíamos na gargalhada quando elas botavam pra correr os babacas por quem elas teriam, alguns meses antes, escalado o Himalaia.

Lá estava reunido um monte de mulheres que tinham entendido que o sucesso de toda uma vida reside no simples fato de conseguir controlar-se, dar risada e aprender com as experiências passadas, mesmo que elas tenham sido um tanto quanto traumatizantes. Mulheres que haviam trocado *jeans* e tênis por saia e salto dez; mulheres que nunca se esqueciam de passar o *gloss* e o rímel, assim como não deixavam passar uma oportunidade e mantinham-se firmes em sua força de vontade. Elas acabavam tendo uma fé inquebrantável, e a vida passava a decorrer maravilhosamente bem. Com o tempo, elas estruturavam-se, consolidavam-se e, principalmente, abriam-se para uma nova vida, a vida que uma *Hitch girl* deve ter.

Nas reuniões, elas assistiam a um pequeno discurso meu, sobre um assunto previamente escolhido, como "o primeiro encontro" ou "as premissas de uma relação amorosa", que era sempre concluído com uma hora de "perguntas e respostas" sobre o que as incomodava nas relações amorosas.

Cada início de reunião era marcado por uma revisão de princípios elementares, uma espécie de ABC da sedução:

A Saiba que ninguém, seja homem ou mulher, levanta-se pela manhã pensando que nunca encontrará o amor ou sua alma gêmea. Todo mundo sonha com isso – pode ter certeza! Evidentemente, todo mundo sonha tropeçar, como por milagre, em alguém que possa decifrar sua linguagem, apreciar sua personalidade e, assim, aprovar e compartilhar apaixonadamente seu modo de vida. Todo mundo gostaria de encontrar "a" pessoa e sempre imagina que logo vai se tornar superimportante para ela, não somente por causa de sua aparência e do seu jeito de ser, mas também por causa de uma química inexplicável (que ninguém nunca, jamais, em hipótese alguma, conseguirá explicar). Todos querem obter essa alquimia, realizar essa espécie de osmose que faz, entre nós e essa pessoa, todos os pontos "baterem", quaisquer que sejam os assuntos e pensamentos abordados. Todos esperam alcançar esse clímax, chegar a um amor tão absoluto quanto incondicional, tão embriagador quanto eterno.

B Você cruzou com um cara na rua e ele sorriu para você, isso a fez suar frio, mas acendeu uma labareda dentro de você. Tudo bem que ele não "chegou" em você, mas lhe enviou alguns sinais aos quais você não respondeu. O sorriso que ele deu foi a grande prova do interesse dele por você. É importante que você saiba que setenta por cento das comunicações interpessoais não são feitas verbalmente, e que o corpo também tem sua própria linguagem: um sorriso, um gesto, um olhar, uma ação...

E muitos outros sinais enviados podem ser uma maneira sutil de um homem confessar a você que está muito interessado. Claro que se você não responder aos sinais que ele lançar e não se dignar a fazer a mesma coisa, tudo irá parar por aí, pois os homens também são de carne e osso e, como você, têm necessidade de se sentirem seguros, de serem confortados e de terem uma resposta às suas investidas sedutoras.

C Para alcançar a vitória e conquistar o eleito de seu coração, é preciso muita coragem e audácia. Você tem de chamar a atenção e surpreender. Como em uma entrevista de emprego, é preciso se destacar e fazer com que ele acredite que você é muito mais digna do interesse dele do que todas as outras mulheres. Você tem de se sobressair em meio à massa, quer seja por sua inteligência, sua atitude, um visual ou uma ação... Mas nunca seja desinteressante ou deixe sua presença passar despercebida. Faça com que notem bem que você está lá – mas sempre com elegância –, seja deslumbrante, mostre que você é o máximo e que tem algo a oferecer a ele que nenhuma outra garota poderia dar. Ou seja, prove que você é digna de interesse e, principalmente, de estar ao lado daquele que você deseja.

D Você não pode fingir ser o que não é. Então, pare imediatamente de se esconder atrás de montes de mentiras, de dissimular qualidades que não são suas e de adotar um comportamento totalmente estranho ao que você realmente é. Mas também tenho certeza de que você não aprenderia nada se eu lhe dissesse: "O que o berço dá, só a cova tira". Brinque com seus defeitos, tire proveito deles e transforme-os em charme, em vez de se encher de complexos e ficar paranoica. Vale lembrá-la que os homens não leem seus pensamentos, e o que você considera um defeito ou uma falha pode ser para ele algo sem importância, insignificante ou que ele sequer perceba. Aceite suas peculiaridades e valorize-as, tornando-as um charme sem igual. Você é tímida? Brinque com sua timidez! Você é baixinha? Tire sarro disso! E saiba colocar-se em cena, evidenciando suas características exclusivas.

E O primeiro encontro é essencial! Ele é o mais importante, pois nos permitirá alcançar outras metas significativas, além de fazer com que você não fique mais sozinha, enfurnada em casa. O primeiro encontro geralmente revela muita coisa sobre a pessoa: sua cultura, sua educação, o grau de seu charme, suas paixões, seus objetivos pragmáticos ou, ao contrário, seus sonhos idealizados. Esse primeiro encontro nos permitirá conhecer um pouco o outro e, se ele nos parecer interessante, aproveitar para fazer autopropaganda. E aí você tem de arrasar, usando classe e fineza, charme e tato. A outra pessoa certamente vai querer saber tudo sobre você, mas não revele tudo de uma vez, nada de ir contando todas as coisas que fez, desde que era pequenininha até a sua última catástrofe amorosa. Dê um tempo às coisas, faça mistério e primeiro ouça o outro, escute o que ele tem a dizer e preste atenção no discurso que ele treinou durante toda a semana antes desse encontro. Conheça seu parceiro e acompanhe bem o fio da meada da conversa dele, para não se perder e deixá-lo esperando por uma resposta sua. Dê a ele todo o espaço possível, mas evite se agarrar com ele logo na primeira noite. Mesmo que tudo pareça mágico, dê a si mesma o tempo para descobrir a verdadeira personalidade dele e saber o que ele realmente tem a oferecer.

Esse ABC da sedução é um guia, um inventário de certos pontos cruciais relativos à área do amor. Era essencial que minhas clientes o decorassem e o compreendessem. Mesmo que, depois de um tempo, a maioria delas acabasse decorando, a cada reunião eu era abordada com milhares de perguntas sobre ele. Elas eram tão indecisas e tão inseguras que tudo tinha de ser reforçado, dito diversas vezes, e, às vezes, isso demandava certo tempo. Mas eu não ligava, o importante era que alcançássemos resultados aos poucos e, dia após dia, o trabalho executado fosse obtendo sucesso, até permitir que, no final de cada reunião, fôssemos para a cobertura do prédio tomar um drinque e finalmente descansar de todas aquelas lições.

As perguntas mais frequentes eram aquelas sobre o primeiro encontro romântico: "O que é que eu devo fazer?", "Sério?! Acho que não vou conseguir!". Bem, eram essas perguntas e exclamações que eu ouvia na maioria das vezes. Para aquelas mulheres, o primeiro encontro romântico era uma verdadeira prova de fogo: inúmeros obstáculos se colocavam no caminho da vontade de fazer bonito. Sem falar que elas eram tomadas pelos piores sentimentos: estresse permanente, aperto no coração, nó na barriga, e essa imagem da garota perfeita que encantaria seu "Romeu" em oposição ao horrível retrato que elas faziam de si mesmas (porque elas não se gostavam o suficiente).

À noite na cama, num surto, elas se perguntavam como, em apenas alguns dias, poderiam se transformar de Gata Borralheira em Cinderela. Elas já tinham percorrido a Zara, a Mango e as Nouvelles Galleries na esperança de encontrar aquela roupa deslumbrante que faria delas uma verdadeira Kate Moss na passarela. Elas já tinham enviado umas vinte mensagens de texto a diferentes amigas para avisá-las de que, em caso de urgência, era para ligar para um determinado número e convocar uma reunião de cúpula, na casa de uma delas, em uma festa do pijama absolutamente secreta, para estabelecer o plano de defesa secreto quatro-cinco-um.

Evidentemente elas tinham se posto a comprar cremes de todo tipo, para imitar a Monica Bellucci na propaganda da L'Oréal; e já tinham fechado a geladeira a cadeado, achando que os doze quilos acumulados em seis meses iriam sumir voando em alguns dias como por encanto. Elas estavam tão a fim dos homens que iam encontrar que já não sabiam mais o que fazer. Estavam inteiramente perdidas num oceano de pontos de interrogação: "Visto esta blusa ou aquela?", "Prendo o cabelo ou o deixo solto?".

Mais do que depressa, elas chegavam a exclamações dignas dos maiores gênios da humanidade: "Eureca, achei!". Ou de algumas mais... rústicas: "Meu deus, esse babaca tá enchendo o saco, ele não pode dizer logo que está a fim de mim em vez de só me torrar a paciência?". Resumindo, elas sentiam uma baita apreensão com relação a essa primeira etapa. Queriam fazer bonito! Mostrar que estavam à altura do desafio. Mas, às vezes, investimos tanto para não estragar nada que no fim colocamos tudo a perder, e o tal cara não liga nunca mais. E não há nada pior que um encontro no qual acreditamos que tudo correu maravilhosamente bem e, ao invés disso, o infeliz já está pensando em uma maneira de ficar o mais longe possível de nós!

Resumindo, isso era o que todas as mulheres mais temiam. Elas já haviam demorado a conseguir um encontro, empetecaram-se com suas melhores roupas para a ocasião e, se do outro lado não rolasse uma boa recepção, então, para elas isso era sinônimo de voltar à depressão total... Seria a hora de jogar a toalha, pensavam elas.

Nossas reuniões eram justamente a ocasião para dizer que não havia nada com que se apavorar. Que, nesses casos, o melhor a fazer era tentar encarar a situação por outro ângulo e não se estressar. Um banho de espuma com algumas velas, a leitura de um bom livro (como o meu), uma boa barra de chocolate enquanto se assiste a um filme da Julia Roberts... E, então, um único telefonema para obter um parecer sobre a situação é permitido. Você pode ligar para sua melhor amiga que, com certeza, fará o melhor julgamento possível, pois, como está fora da relação entre você e seu "provável futuro novo amor", ela terá o prazer de lembrá-la daquele detalhezinho:

— Afinal de contas, se ele a convidou para sair é porque ele está interessado em você, não é?!

Cabe a você, portanto, não estragar tudo depois. Nesse encontro, o cara espera para ver se vocês combinam em certos pontos e também se você é realmente bonita (ou se havia sido apenas uma ilusão de óptica). Mas fique tranquila, esse encontro deve ser a ocasião de averiguar se suas almas podem viver lindamente juntas. E se não for esse o caso, não tem importância, afinal de contas somos seis bilhões de pessoas na Terra, pare de procurar pelo em ovo e de se xingar de tudo quanto é nome, pois ainda há muitas chances por aí. E não se esqueça de que você deve dar tempo ao tempo.

Em um primeiro encontro, é imperativo se posicionar com confiança absoluta. Haja como se nada de extraordinário estivesse acontecendo e como se tudo estivesse transcorrendo muito bem. Depois é só se comportar como em um baile de máscaras, em que você dança com seu par, mas oculta seu rosto atrás da máscara, quer dizer, aprenda a não abrir sua grande boca e tagarelar, contando tudo sobre a sua vida. Pois, se você começar a falar como uma matraca, aborrecerá rapidamente o cavalheiro em questão, ficará nervosa e acabará gaguejando.

Um encontro é uma troca, principalmente de valores, então, se o que você tiver dado for mais ou for menos do que aquilo que recebeu de seu parceiro, não há motivos para continuar com o encontro. Você também deve parar de se perguntar o que o outro pensa de você, parar de tentar decifrar isso através dos olhos dele para não ter um surto psicótico, imaginando que já pôs tudo a perder. Nessas condições, é normal acabar se perdendo, duvidando e concluir que será rejeitada. Por isso, mantenha o controle sobre si mesma e, assim, conseguirá manter o controle da situação. Agir naturalmente e se deixar levar também facilitarão muito o rumo desse primeiro encontro.

Bem, mas isso é a teoria. Na prática, existem também algumas regras para um primeiro encontro que nunca devem ser esquecidas. Por isso, eu gosto de recordá-las:

A regra número um fala sobre a sua aparência. A pessoa que irá se encontrar com você espera ficar maravilhada com sua aparência – e mesmo que isso não seja o mais importante, acaba sendo de grande valia. Portanto, arrume-se para não despertar somente indiferença com relação a esse aspecto; mas tome cuidado com os exageros, evite *looks* vulgares, excêntricos ou quilos de maquiagem no rosto. Não use roupas que não se pareçam com você, mas não deixe de ser classuda e elegante.

A regra número dois é muito interessante, porque trata da sua atitude e do comportamento que você deve ter. Brinque com o olhar para mostrar que se sente atraída, sorria para parecer encantadora e envolvida e, principalmente, saiba manter uma conversa. Não se trata de monopolizar o microfone, ser chata como Fidel Castro com seus intermináveis discursos, mas de segurar o ritmo da conversa e evitar silêncios constrangedores. Amigos, trabalho, família... qualquer assunto é válido para evitar que você chegue a um *game over*.

Segundo a regra número três, é realmente necessário saber se fazer desejar... Você não é *uma* mulher, mas "a" mulher! Aquela que todo mundo quer, o que significa que você terá de manter certa distância entre vocês e mostrar que, para conquistá-la, ele terá de remar um bocado. Você não deve se jogar para cima dele, ele é que deve se aproximar; você não está à espera da aprovação dele, é o contrário, ele é que precisa da sua! Deixe-o elogiá-la, desejá-la... Deixe-o assumir o comando, pois, como homem, é isso que ele certamente deseja. Desde o início, mostre a ele como tudo funciona; deixe claro que você é realmente uma mulher esplendorosa que valoriza os próprios trunfos, e não uma pobre coitada que quer se arrumar com o primeiro sujeito que aparecer. E comece pelo início: o encontro está marcado para as dezoito horas? Conselho de

La Baronne: é melhor chegar por volta das dezoito horas e quinze minutos – e verá que ele já vai estar perturbado!

Geralmente, os encontros malogrados podem ser resultado de cinco fatores:

1 Por causa da timidez de um ou de outro (ou de ambos), a troca de palavras foi bastante rápida, dando lugar a silêncios que a deixaram muito embaraçada, e que só fizeram com que você sentisse vontade de voltar para casa e se esconder embaixo da cama.

2 Simplesmente um não estava à altura da aparência do outro, o que provocou no belo uma profunda aversão – pois achou que havia sido enganado –, e causou no feio um sentimento de vergonha enorme – que o fez pensar, sem se conformar: "Caramba, acho que estou mirando muito alto, toda vez é a mesma coisa".

3 As opiniões e os valores de um eram diametralmente opostos aos do outro. O que deu a ambos uma vontade enorme de brigar em pleno encontro que, supostamente, seria romântico e doce – provocando, mais uma vez, o desmoronamento das esperanças.

4 A higiene um tanto duvidosa de um afugentou o outro, "Mas você trabalha em uma oficina mecânica? Suas mãos estão estranhamente encardidas e você tem cheiro de graxa".

E, finalmente:

5 Ele simplesmente não aparece... Ou pior, fica tão decepcionado, quando a vê de longe, que dá um jeito de

sumir, se manda correndo por uma saída de emergência e joga, na primeira lixeira que encontra, os chocolates com que iria lhe presentear na ocasião.

Há também os sinais de aviso, aqueles dados durante o encontro e que já nos permite avaliá-lo. Com eles dá para fazer o prognóstico de suas chances de sucesso, analisando duas ou três coisinhas que geralmente as pessoas consideram insignificantes. Mas que não são.

Ele não encara você, sequer fica de frente para você, tamborila na mesa, olha para o relógio o tempo todo, faz pouquíssimas perguntas e responde a você de forma vaga? Fuja! Ele não está interessado em você e a única coisa que o preocupa é o fim do encontro, que ele considera um verdadeiro calvário. Acabe, então, com esse sofrimento.

Agora, ao contrário, se ele estiver todo sorridente, olhando diretamente para você, sentado bem à sua frente e enchendo você de perguntas, então você pode receber nota oito e meio... E por que não um segundo encontro?

Enfim, há tantas armadilhas a serem evitadas. Entre o que o outro pensa, o que você pensa, o que ele compreende, o que você compreende, o que você imagina que ele está entendendo e o que ele quer que você entenda, rapidinho você pira e raspa os cabelos à la Britney!

Além disso, mesmo que haja o "Será que ele vai gostar de mim?", há também o "Será que eu vou gostar dele?", que é tão importante quanto. E ter uma paixonite aguda tipo *Notting Hill* logo no primeiro encontro chega a ser algo milagroso, eu diria – mas, bem, quem não arrisca não petisca! E as experiências vão nos moldando.

Sim, as experiências moldam você, e ensinam! Imagine uma dessas noites em que você acaba de deixar o encontro com o seu mais novo amado e já olha para o telefone para ver se ele está ligando. Afinal, já que a noite foi tão boa, quem sabe ele não está completamente apaixonado?! De qualquer forma, para você já se passou tempo demais – a emoção já dominou a razão. E, então, você sente emoções que "nunca" havia sentido antes.

Mesmo assim, você volta para casa (sim, você sentiu tudo isso e nem tinha chegado em casa ainda) e aguarda tranquilamente o telefonema dele, como se não estivesse nem aí. Afinal, você está convencida de que a noitada foi boa: rolou uma química, vocês trocaram olhares de desejo e sorrisos de prazer, riram juntos duas ou três vezes de piadinhas ingênuas e ele até falou da mãe e da irmã. Rapidamente você chega à brilhante conclusão: "O que pode ser melhor, num primeiro encontro, do que uma troca tão completa? Com certeza ele vai me procurar de novo! Ele disse que gostava muito das minhas mãos, porque elas lembravam as da mãe dele... Dessa vez é a pessoa certa e ninguém vai poder negar isso. Os homens são todos iguais, mas ele é diferente". Além de: "Ele usava o perfume *Acqua di Gio* da Armani, que é o meu preferido! Esse tipo de sinal com certeza não falha".

À uma hora da madrugada, você adormece nos braços imaginários de seu amado e já sonha com a cerimônia de casamento – e como você gosta de cor-de-rosa, no tão sonhado dia tudo será dessa cor! No dia seguinte, quando você acorda, ele ainda não deu nenhuma notícia, agora isso já começa a ficar preocupante, é preciso averiguar. Aquela sua amiga meio avoada a tranquiliza, como de costume, dizendo frases com uma lógica *nonsense*:

— Se ele não ligou, talvez seja porque tenha acontecido alguma coisa e ele precisou viajar para o exterior de última hora. E pode ser que lá onde ele esteja não exista cobertura de nenhuma operadora de celular, só isso.

Só que dezenove horas e vinte e sete minutos depois, nada ainda! Você coloca o telefone em cima da mesa e olha para ele, tentando entender por que ele não toca... E, sem mais nem menos, *clic*!, acha a resposta do enigma! Você lembra, então, que o seu "Romeu" não anotou o número do seu telefone, ou seja, não há mesmo como ele ligar!

Ufa! Essas últimas vinte e quatro horas foram um verdadeiro calvário! E aí está você mandando uma mensagenzinha de leve, para não parecer algo sério demais: "Oi, é a Alice! Só queria dizer que passei horas ótimas com você e saber se você está bem... Ah! E também que eu topo um cineminha amanhã, se você quiser". A resposta que você receber depois certamente esclarecerá bastante o desenrolar dos próximos capítulos dessa novela: "Quem é você?". Cretino! Ele me deu o número errado! Que sem-vergonha! Bem, pelo menos acabou a espera, esse idiota estragou tudo...

Ainda é realmente necessário que algumas mulheres aprendam a decifrar certos códigos. Que elas entendam que se um cara não anota o número do telefone delas, é porque ele não está nem aí! E é bem fácil saber se um homem está interessado, pois ele vai pedir o seu telefone, seu MSN, seu Orkut e se apressará em adicioná-la no Facebook, para nunca mais perder contato com você. Se ele não lhe der nenhuma notícia, é porque, obviamente, ele não quer lhe fazer isso; e se ele parece nem ligar para essa distância entre vocês, é porque realmente não está nem aí, não liga mesmo. Lógico, não é?

Pois você há de convir comigo que, no início de um relacionamento, só os homens que fazem algum esforço poderão lhe trazer felicidade – pelo menos durante alguns dias ou mesmo algumas semanas. Mas, depois, com o passar do tempo, esses caras perdem o gás, passam a lhe dedicar momentos esparsos de atenção, para finalmente assumir uma indiferença sem igual. É aí que se pode deletá-los e prosseguir com as pesquisas intensivas atrás do homem da sua vida.

E, então, chegamos a uma das partes preferidas de minhas clientes: a arte da sedução. Enfim, na opinião delas, é melhor superar a terrível timidez e, definitivamente, assumir as rédeas da paquera. Hoje em dia, precisamos reconhecer que os homens estão cada vez mais retraídos, e o que deveria ser algo bastante simples, rápido e indolor, acaba não sendo diferente na realidade. Pois, afinal, qual é o mal de revelar sua atração e seu interesse pelo sexo oposto?! Não há mal nenhum nisso, no entanto...

Identificamo-nos tanto com as relações fracassadas desses filminhos água com açúcar hollywoodianos, dessas comédias românticas fraquinhas – que nunca são realmente românticas, só pastelões –, que acabamos desanimando... Meu trabalho consiste em embelezar tudo isso, tornar essas relações mais glamurosas, mais brilhantes, mais cálidas e mais belas.

Para as "meninas Mogli" que queriam o tal sujeito de qualquer jeito, a solução era bastante simples: elas tinham de reservar um dia inteiro para se preparar física e mentalmente. Pela manhã, deveriam enumerar as regras básicas: primeiro chamar a atenção e depois demonstrar indiferença e deixar a presa fazer o resto do trabalho e vir nos procurar. Nessa etapa, havia a tarde toda para colocar em prática o exercício da caça. Barzinhos, restaurantes, *shoppings*, cafés, lojas... Qualquer lugar era bom para esses primeiros passos. Para mim, esses eram ambientes com forte potencial, lugares realmente estratégicos para ataque e investidas agressivas.

Nesses dias, elas só deveriam pensar em uma coisa: conseguir fisgar um gato. Não importava se logo depois a paquera não vingasse. O objetivo dessas jornadas era, sobretudo, aprender e entender como funciona o primeiro contato com um alvo. As "meninas Mogli" deveriam identificar uma pessoa com potencial para ativar suas papilas e atacar: olhar intensa e insistentemente para deixar claro seu interesse, sorrir e agir, se aquele famoso radar invisível detectasse chances de uma afinidade maior... Nesse "laboratório" era só isso, algo bem simples só para começar. Mas na hora do "vamos ver" certas lacunas sempre se revelavam: olhares fugidios, sorrisos mal esboçados por medo de não serem correspondidos, o corpo trêmulo e palavras hesitantes que mal conseguiam ser pronunciadas. E, naturalmente, tudo isso acabava produzindo resultados pouco animadores: homens que não entendiam direito o que aquelas garotas com olhos arregalados queriam.

Então, lá estávamos nós, dia após dia, aperfeiçoando as técnicas para um contato interpessoal, aprendendo a ter tato e espontaneidade e tentando afastar o planejamento excessivo e as ações mecânicas. Pois, mesmo no amor, tudo necessita de aprendizado e dedicação. E aquelas que acham que chegar em um homem é um bicho de sete cabeças deveriam aprender que a coisa não é bem assim. O segredo está em agir naturalmente e na espontaneidade que você é capaz de transmitir para esses mocinhos de que tanto gosta.

Saber como abordar alguém não é um dom, é uma técnica. Ou você acha que para paquerar alguém é preciso ter nascido iluminada? De forma alguma! Como qualquer outra coisa, isso também se aprende. É preciso entender que o cara que você paquerar certamente ficará lisonjeado com o interesse demonstrado por ele. Mas também é importante perceber que esse primeiro contato é, acima de tudo, uma oportunidade para você enfrentar o que realmente a assusta e entender seus erros, para finalmente acabar com eles de forma radical.

Mesmo que as primeiras abordagens sejam desastrosas, devem ser encaradas como um tipo de exercício prático, uma encenação que você pratica para investigar o que anda fazendo de errado. Suas primeiras tentativas permitem que você se afirme e, geralmente, consiga prever o que acontecerá durante um encontro. Assim como uma cientista com suas diferentes substâncias e seus tubos de ensaio, você testa, acrescenta e mensura o impacto de suas ações e, principalmente, percebe as consequências delas em sociedade – bem, num relacionamento amoroso, para ser mais específica...

Algumas de minhas clientes me diziam que sentiam muita dificuldade em lidar com o desconhecido. Como se comportar diante de um homem que despertou nosso interesse, mas que apenas acabamos de conhecer? Para elas, isso era enigmático, tão misterioso quanto o Triângulo das Bermudas. Um dos maiores obstáculos para uma primeira aproximação é justamente esse medo, esse temor do desconhecido, que, na verdade, tem origem no receio de ser rejeitada. Mas você não ousa porque tem medo de ser enrolada novamente ou, pior ainda, de passar a ser vista como uma mulher fácil e ficar mal falada.

Uma garota que paquera sem pudores é vulgar, sim, mas uma mulher que demonstra seu interesse por alguém é um ser humano que simplesmente demonstra seus sentimentos. E já faz muito tempo que aprendemos a diferenciar uma da outra. Essa noção de garota carente que dá em cima de tudo o que se mexe já está bem ultrapassada, e hoje dispomos de métodos e atitudes bem menos agressivos e muito mais sofisticados para demonstrar que estamos interessadas em alguém. Isso também só nos deixa mais atraentes e glamurosas aos olhos dos homens. Mas resta saber o que realmente funciona e o que deve ser absolutamente evitado, sob pena de a mulher ser rotulada e azedar o relacionamento.

A população feminina nunca sabe o que fazer quando está interessada em um homem, porque tradicionalmente é o homem que deve conduzir a relação, acredita-se que ele deva ter o controle da situação e agir de acordo com o que considera adequado. Ora, estamos no século XXI! E a vida moderna não mais nos permite ficarmos presas ao esquema padrão em que um homem aprecia uma mulher, manifesta a ela seu interesse e eles vivem felizes para sempre. Hoje, tudo isso não passa de caricatura, as coisas não acontecem mais assim e nós devemos, tanto quanto possível, adaptar-nos a essa mudança.

Duvido muito que tenhamos de agir sempre da mesma maneira em todas as ocasiões que o destino nos apresentar. Cada homem e cada situação são diferentes, basta simplesmente que nos adaptemos a eles. No entanto, existe um método, particularmente bem bolado, que costuma ter resultados superpositivos. Ele sempre funcionou comigo, então, por que não funcionaria com você?

Eu sou dessas que gostam de ir direto ao ponto para conseguir o que querem. Minha segurança é tanta que eu não tenho medo de absolutamente nada. Eu começo o jogo e analiso, enquanto me divirto observando a corrida desenfreada que meu parceiro começa a fazer para conseguir minha aprovação. E quando um encontro não me agrada, eu simplesmente ponho um fim nele. Não tenho nenhuma ambição de iniciar partidas de pôquer com todos os diferentes cavalheiros com quem saio; além disso, não tenho tempo nem vontade de ficar dando voltas em círculo feito peru bêbado em véspera de Natal. Eu gosto que as coisas sejam claras e diretas. Acho que assim é bem melhor, pois elas se tornam mais agradáveis e, assim como eu, mais dignas.

E quando oportunidades caem no meu colo e as boas circunstâncias brotam na minha frente, gosto de aproveitá-las. A vida não é curta demais para ficarmos fazendo tantas perguntas? Para mim é! E hoje eu gosto de aproveitar cada momento que me é oferecido.

A sensibilidade das mulheres é fato, e as indecisões e hesitações femininas estão estreitamente ligadas a isso. Muitas mulheres não têm cartas na manga e, assim como Martin Luther King, eu tive um sonho, um sonho no qual eu dava às mulheres essas cartas. Eu quero ter essa missão de demonstrar a você que nada é uma completa dificuldade em, nenhuma área da vida, tudo pode ser enfrentado e transposto.

As mulheres que eu atendi podem confirmar que a vida é assim mesmo, e que nada é uma fatalidade. As suas tentativas de se aproximar de um homem não têm sido bem-sucedidas? Não tem importância, tudo se aprende ao sabor das experiências, e tudo se entende ao sabor dos fracassos. Seus encontros nunca dão certo? Não ligue para isso, pois eles são só uma fonte de ensinamentos e de diversão, e eles lhe ajudam a aprender muito sobre autocontrole, sem falar que a treinam para jogar com o aprendizado dos erros do passado. Enfim, cartas, regras, códigos, estratégias básicas, uma lógica de vida...

Todas nós gostamos de ter a atenção de um homem, e pouco importa o homem, isso continua sendo um prazer, um momento que a gente saboreia com alegria. Adoramos aqueles sorrisinhos claramente dirigidos a nós e aqueles olhares que nos dizem tudo. Nós gostamos desse tipo de demonstração de interesse, pois o ser humano é assim, tem necessidade de reconforto e apoio. Os homens estão sujeitos a essa mesma lógica e, assim como você, às vezes eles têm necessidade de que demonstremos nosso interesse por eles.

E certas vezes é questão de provocar as coisas para que elas possam dar frutos. Pouco importa o lugar, se a atuação for boa podemos facilmente nos imaginar na primeira cena de um filme romântico – o começo de uma história fascinante de amor. A primeira cena em que Henrique encontra Suzana, em que Breno sorri para Angélica. A primeira cena em que o diretor do filme disse "ação", e da qual todo o público aguarda as grandes emoções. Nas histórias de amor, meu conselho para as mulheres é de se imaginarem num filme, mas, além disso, imaginarem que são a estrela principal.

Ao fazer compras, por exemplo, e cruzar com um homem superultraelegante, por que não sorrir para ele se achar que há chances de ele corresponder? Por que não representar sua melhor cena e conquistar a maior bilheteria de sua vida? Porque, particularmente, eu tenho horror a esses roteiros em que o pretenso par romântico permanece frio e não se une num amor arrebatador.

Não estou incitando as mulheres a se jogarem nos braços do primeiro babaca charmoso com quem elas cruzarem por aí, mas quero que elas saibam provocar as situações com as quais sonham dia e noite. Que saibam viver seus desejos e assumir o controle da situação, como a vida costuma demandar. Uma frase sagaz para estabelecer um primeiro contato pode se revelar proveitosa quando, por exemplo, pela décima oitava vez no dia, o cara da contabilidade passou pela sua sala, que fica no oitavo andar, enquanto a dele fica no quarto:

— Bom dia, você foi transferido de setor? Você trabalha na contabilidade, não é?

Uma aproximação como essa pode ser simpática e alavancar um belo namorico ou, quem sabe, até um amor mais duradouro. Ah, mas se você nunca mistura trabalho com vida particular, sempre há o garçom do novo barzinho que você costuma ir na *happy hour* que, assim como suas amigas já perceberam, vem sempre lhe atender primeiro e ainda complementa quando lhe oferece uma bebida de graça:

— Um drinque especial pra você experimentar, gata...

Nesse caso, você não acha que um:

— Uau! Valeu, gatinho... (Seguido de uma piscadela.)

Poderia ser eficaz para a continuação do seu filme?

Ah, lógico! Nunca paquere um cara se você não estiver preparada para ser paquerada "de volta". Pois, nesse caso, o tiro sairá pela culatra e você ficará sem reação, e desiludida, como sempre. Mas, se você estiver disposta a tentar, depois que jogar a isca e pegar o peixe no anzol, relaxe e aja com muita sensibilidade. Respire fundo, respeite seu tempo e faça tudo com muuuita paciência. Quando você finalmente descolar um encontro, vá com calma nessa fase introdutória e pegue leve com as gracinhas. Não responda de imediato as mensagens recebidas, nunca ligue antes dele, faça com que ele a deseje e deixe bem claro que você não é garota de uma noite, mas que você pode muito bem ser aquela para uma vida inteira.

Mantenha uma ligeira distância do seu alvo em seus novos relacionamentos, apenas o necessário para manter a razão, controlar corretamente a situação e equilibrá-la, para que ela tenha continuidade e, mais tarde, finalmente atinja o ponto culminante – como em uma curva perfeita de crescimento.

Saiba que em todos os lugares, quaisquer que sejam, podem ocorrer encontros. Aonde quer que você vá, e onde quer que você esteja, sempre existe a possibilidade de cruzar com um homem que pode causar aquele nó no estômago e aquela onda de calor, que todas nós adoramos sentir. Basta simplesmente abrir os olhos e, então, ousar dizer "sim" à vida e às diferentes situações que ela generosamente coloca à nossa disposição.

Muitas vezes dizemos que os contos de fada ou os amores à primeira vista não passam de utopia e, mais vezes ainda, sonhamos que, mesmo assim, um dia eles possam acontecer conosco. Mas muitas mulheres que esperam por esse passe de mágica acabam deixando passar inúmeras oportunidades, na minha modesta opinião. A população feminina raramente agarra as boas oportunidades que lhe são oferecidas, pois fica à espera de sinais, os benditos sinais... E, infelizmente, quando esses sinais finalmente aparecem, nem sempre é o momento certo.

Parece que nós, mulheres, preferimos continuar esperando e esperando e resmungando sozinhas, cada vez mais. E, com isso, o tempo passa, perdemos a paciência e nos tornamos azedas. Perdemos a fé no amor e nos lindos sonhos que tínhamos: nunca mais imaginamos uma vida cor-de-rosa, o céu fica cinza e as cores escorrem para fora do nosso mundo.

Aí, então, começa a guerra dos sexos. Homens e mulheres acusam-se mutuamente por certas ações e pensamentos, em vez de repensar a posição que cada um deve, nobremente, ocupar nos relacionamentos. As mulheres acusam os homens de encarar o amor como um jogo; e os homens alegam que as mulheres dão importância demais ao amor, a ponto de considerá-lo uma imensa responsabilidade. No final, o amor acaba se tornando um enigma para todo mundo.

No entanto, ele deveria ser algo bem simples. Todos nós chegamos a este mundo sem nos preocuparmos com os mistérios do amor, mas a família, os meios de comunicação, o conjunto da sociedade nos embute algumas ideias: o príncipe encantado, a tranquilidade, a segurança, a felicidade. Um ponto de vista que passamos a julgar normal. E o que faz com que nos pareça inútil perder tempo repensando isso, uma vez que todo mundo já explicou tudo. Mas talvez todo mundo esteja errado, ou vai ver que não, só que isso depende das situações que vivermos. Porque, depois, tudo parece se complicar ainda mais, quando acumulamos fracassos amorosos e, então, constatamos que não vivemos protegidas em uma redoma de vidro. Dor, tristeza e infelicidade juntam-se e tornam-se imensas.

Mas como, em apenas alguns anos, passamos de um extremo ao outro? A infância feliz e amorosa deu lugar a inúmeros desgostos e a uma rejeição, mais que categórica, ao amor:

— Eu não quero amar! Tenho medo do amor e não quero mais sofrer.

Eu entendo esse raciocínio, mas nem por isso o aprovo. Creio que o caminho que você está trilhando não é o melhor. O que você teme não é o amor, e sim o sofrimento. E, pelo que me consta, amor não é sofrimento, muito pelo contrário! Pensando bem, talvez você nunca tenha experimentado o amor de verdade. Talvez você só tenha conhecido um falso amor e experimentado migalhas de felicidade. Coração partido – eis a sua recompensa. Você não teve escolha, tentou aproveitar o que a vida oferecia. Mas não fique com raiva da vida, talvez você a tenha entendido mal, não tenha lutado como deveria ou simplesmente tenha traduzido mal os sinais emitidos – situações bem complicadas que você mesma criou. A vida é simples, as pessoas é que a complicam. A vida é bela, as pessoas é que a tornam feia.

Inúmeras vezes eu tive de martelar para as minhas clientes que devemos saber como escapar de situações batidas. Que devemos escolher a nossa causa com liberdade, mas também com sabedoria. Que devemos optar pela novidade, desde que não fujamos da nossa identidade. Que devemos nos surpreender sem se esquecer de nos respeitarmos. Quantas mulheres se pegaram iniciando pseudorrelações com homens que elas nunca aceitariam antes em suas vidas? Mas quando o celibato pesa demais – essa bendita solteirice! –, então elas mergulham em verdadeiras frias.

Quantas mulheres estabelecem os critérios de admissão do homem ideal com base na necessidade (que acreditam ter) e não no mérito?

Minhas "meninas Mogli", que por absoluta necessidade de queriam qualquer homem, deixavam-me boba de vez em quando, devo confessar. Mesmo que eu entendesse que, para elas, ter um amado era um tipo de bênção intimamente ligada à sobrevivência, mesmo assim, eu não conseguia aprovar esse pensamento.

Posso atestar que, com certeza, a maioria das mulheres que deseja um homem em sua vida só quer, na verdade, adaptar-se às normas sociais que o mundo impôs – e que a maioria de nós decidiu aceitar. Queremos alguém só para ser como todo mundo. Queremos um homem como poderíamos querer um par de sapatos, para poder levá-lo às festas e baladas. Queremos um homem para, quando voltamos para casa à noite, termos alguém ao nosso lado; para não ficarmos sozinhas, enquanto a Érica, a Carla e a Mariana saem, todas, com seus garotões.

Queremos um homem porque a sociedade nos impõe que devemos ter um, para não correr o risco de ficar para titia. Queremos um homem para estar na moda, queremos um homem para não ficarmos mais deprimidas no cinema ao ver todos aqueles casais se beijando. Queremos um homem para fazer de conta... que somos felizes e como se, finalmente, não precisássemos procurar mais nada na vida... Como se finalmente tivéssemos nos tornado... mais seguras?

De noite, ao voltar do trabalho, teremos alguém para nos dizer: "Senti sua falta! Que dia duro!". De manhã, ao acordar, teremos um rosto que vai sorrir para nós – pouco importa qual, desde que ele esteja lá. Nós queremos um homem para nos confortar! Nós queremos um homem simplesmente para nos sentirmos incluídas. Que estupidez agir assim! Porque, quando duas pessoas que não têm nada a ver, decidem se unir por necessidade, a história certamente não terá um final feliz – e, assim como eu, você sabe muito bem disso, mas finge ignorar.

Precisamos aprender a querer um homem porque ele nos merece e porque reconhecemos nele qualidades que admiramos. Porque ele se parece conosco e reflete maravilhosamente bem os nossos ideais. Porque, como nós, ele curte literatura e viagens a dois e porque ele é gentil e, além do mais, tem um gosto fantástico para roupas. As mulheres deveriam escolher seus alvos para um relacionamento em função das afinidades que eles têm, dos gostos em comum que cultivam e dos objetivos parecidos que buscam, talvez aí, então, poderiam ter mais equilíbrio na vida.

O equilíbrio na vida que tanto buscamos, e no qual gostaríamos tanto de mergulhar de cabeça. Um equilíbrio frágil que precisamos saber manter no cotidiano. Um equilíbrio pelo qual devemos previamente optar e decidir criar; uma harmonia que temos de constituir e alimentar permanentemente. As escolhas que você faz em sua vida irão culminar (ou não) no tal equilíbrio, e ninguém pode decidir em seu lugar. E saiba que, a partir do dia em que decidiu dizer a seus pais: "Sou maior e vacinada, vivo minha vida como quiser", sem perceber, você se transformou em protagonista, em atriz principal da sociedade e do mundo. Acabou esse negócio de ter um consentimento, uma aprovação ou uma opinião, você se tornou o único comandante a bordo, assumiu o leme e só você pode direcioná-lo.

Quando se é consultora, é como se você assistisse a uma novela na qual pudesse dar alguns palpites no roteiro. E aí está um papel preponderante: alguém vem lhe ver, coloca em cima de sua mesa uma vida e cabe a você criar um final feliz. Sua cliente lhe traz assuntos espinhosos e precisa dar um jeito de não se machucar. As portas de uma vida que você nem desconfiava que existisse são abertas. E grandes esperanças são depositadas em você, olhar dela parece clamar por socorro, como se, de repente, estivesse arrependida do "Sou maior e vacinada, vivo minha vida como quiser" e quisesse reconstruir tudo o que tinha antes.

Como poderíamos imaginar que a passagem para a idade adulta seria um pesadelo? Aos dezoito anos, só queríamos morar sozinhas, ter nosso próprio carro e sair no fim de semana com o Bruno. E, no entanto, não tínhamos a menor ideia de que cuidar de uma casa dava tanto trabalho, que a gasolina custava tão caro e que o Bruno nos enganaria trinta e sete vezes, deixando sequelas dignas de Freddy Krueger e sua hora do pesadelo.

Aos dezoito anos, trocamos nossas lindas bonecas por diabólicos Chuckys. Aos dezoito anos, cometemos o erro de acreditar que o mundo seria bacana, mas, na verdade, ele é desleal e cada um que "defenda o seu". O mundo é um brutamontes e, com nossa bondade e ingenuidade, talvez tenhamos nos perdido vezes demais a ponto de não saber mais o que devemos ser e fazer. Um encontro é bom, mas achar o amor de nossa vida é melhor ainda! Então e daí?

Temos de enganchar um relacionamento atrás do outro até encontrar o bilhete premiado ou ficar solteiras e esperar que o destino faça o trabalho para o qual ele foi contratado?

Acho simplesmente que fazemos perguntas demais! Por que não viver um dia de cada vez e aproveitar cada instante que nos é generosamente oferecido? A vida é uma dádiva, e nós vivemos no presente. Para ter uma vida equilibrada, é necessário saber cuidar do instante atual sem se prender ao passado ou se torturar pelo futuro – só isso! Você tem planos de carreira e de vida, e isso é totalmente compreensível. Você tem uma experiência e uma história e, na busca pela felicidade, você nunca deve se esquecer de quem é. O passado deve servir de aprendizado para que você não cometa mais os mesmos erros, e o futuro, que tanto a preocupa e no qual você pensa constantemente, deve ser um estímulo para você viver seu momento atual.

Você não deveria se deixar enganar pelo mundo e pelas pessoas que vivem nele; viver de certa maneira só porque a maioria vive assim; submeter-se à opinião corrente imposta por todo o mundo. Você deveria simplesmente viver no seu ritmo, em função de suas vontades e capacidades, além de se permitir ouvir a si mesma. E se você quer a qualquer custo o homem da sua vida, por que não esperar que ele cruze seu caminho e, nesse meio-tempo, dedicar--se a ações mais nobres, como o desenvolvimento de sua carreira profissional?! Por que sempre achamos que devemos exigir de nós exatamente o mesmo que o restante do mundo demanda para si?

Particularmente, sei que posso engatar um relacionamento com qualquer homem. Agora, nesse exato momento, posso entrar no banco, e, depois de três minutos contados no relógio, descolar um encontro com o novo gerente bonitão. Posso decidir ter o que eu quiser na minha vida, em qualquer lugar, a qualquer hora. Pois eu conheço os homens melhor do que eles próprios. Conheço os defeitos, as fraquezas, as esperanças e os desejos deles. Sei como eles agem, posso antecipá-los e prever tudo o que eles vão fazer, pois passei bastante tempo analisando os homens e convivendo com eles.

Por causa do meu *status* de "ótimo partido", atualmente posso destruir o coração de qualquer homem, posso fazê-lo ficar maluco por mim num instante e simplesmente destruir a vida dele. Aliás, já fiz isso, e na época eu me vangloriei disso. Eu era chamada de Catherine Merteuil, por causa da semelhança com a personagem de *Segundas Intenções*: era uma devoradora de diamantes e, incidentalmente, de homens. Para mim, qualquer lugar era ideal e oportuno para praticar o que eu chamava de meu "*hobby* predileto". Quanto mais eu destruía corações, mais o meu disparava, mais os homens me desejavam e mais eu os rejeitava. Isso tinha se tornado uma rotina, um hábito, um rito. Os homens eram para mim uma presa a ser abatida; um simples peão que eu deslocava no meu tabuleiro; um divertimento como qualquer outro; aperitivos que eu engolia sem piedade e sem parar, um após o outro.

Eu tinha encontrado um sentido para a minha vida, um sentido oco, é verdade, mas na época eu era jovem e o pesado passado, que tanto me fez sofrer, fez-me achar que destruir vidas era minha recompensa, minha vingança e meu regozijo. Ah, sim, eu me regozijava! Meus dias eram sempre iguais e, em todos eles, eu tinha uma única ambição: destruir o máximo de homens possível. Cheguei até a ter uma "caderneta de ouro", em que eu registrava minhas belas "vitórias". Eu também as contava às minhas amigas e, como não tinham as mesmas "oportunidades" que eu, elas ficavam maravilhadas com as minhas façanhas heroicas.

Eu gostava de acreditar que tinha me transformado em uma lenda viva, em um mito: aquela que estala os dedos e tem todos os homens a seus pés. Aquela que não deixou nenhum homem indiferente, e que os fez sofrer, pelo menos uma vez. Eu amava quem eu era: uma referência na área do amor. Eu havia invertido os papéis do homem e da mulher: não ficava com o telefone nas mãos esperando, comportada e impacientemente, notícias deles. Eles é que ficavam assim. Eu não dizia para eles: "Eu te amo, por favor, não me abandone", eles é que me diziam isso!

Mas eu não havia conseguido promover essas cenas exclusivamente por causa da minha aparência, isso não teria sido suficiente, pois não é com a beleza, ou pelo menos somente com ela, que conseguimos fazer com que alguém fique louco de amor por nós. Eu tinha algo mais que me diferenciava de todas as outras mulheres: eu conseguia enxergar ao primeiro olhar o que as outras levavam anos para perceber e entender. Algo que me permitia "chegar junto" em meus encontros, o que me mostrava como uma mulher excepcional aos olhos dos homens.

Minha inteligência me permitia, de forma extraordinária, ter um monte de competências, uma mais imponente e impressionante que as outras. As relações humanas eram minha paixão e eu fazia, dia após dia, toneladas de análises e pesquisas sobre elas. Em pouco tempo os maiores psicanalistas não tinham mais nenhum segredo para mim. Eu me aprofundava, sem saber, nos estudos dos especialistas no assunto e, com isso, revolucionaria toda a minha vida fazendo amor, minha área de predileção.

Eu sabia que era um modelo do que muitas mulheres gostariam de ser, mas, ao longo dos anos, destruir corações já não despertava mais meu interesse. Inconscientemente eu adquiria maturidade e juízo, e percebi que meu conhecimento merecia uma aplicação melhor do que humilhar os homens. Eu passei a achar que existiam homens belos e bons que talvez merecessem mais atenção e um tratamento distinto. Logo aprendi a diferenciar os perdedores, que precisam ser colocados em seu devido lugar, dos príncipes charmosos, que a gente nunca deve deixar ir embora.

O encontro com um homem nunca é um fardo. Todo mundo pode, em qualquer momento, tentar marcar um encontro com a pessoa pela qual tem interesse –, e essa é uma habilidade que nem todo mundo possui, mas, nesse caso, deve desenvolvê-la. Aquelas que ainda não têm essa habilidade devem continuar tentando desenvolvê-la. Mas, todas as outras mulheres que chegaram lá, que conseguiram, com uma simples piscadela, atrair o bonitão que acabou de passar, por todas essas eu fico apreensiva... Elas provavelmente ficarão tentadas a desafiar seu charme de linda princesa, mas acabarão num círculo vicioso em que só a sedução será um critério de avaliação. Acabará essa ladainha de ouvir o coração, elas irão tirar proveito desse poder de sedução para ter e conquistar o homem mais bonito do pedaço. Não importará que ele seja bonito de coração ou de alma, desde que por fora ele desperte para essa atração. Elas estarão envoltas em uma máquina infernal, em que os sentimentos não mais existem e terão dado lugar à pura atração física e estética. E, aí, já não se entregarão a alguém porque seu coração fez *bum*, mas porque seus lábios disseram *fiu-fiu*!

Eu tenho receio disso, porque eu vivi isso. Eu não ouvia meu coração e minha alma, eu ouvia minha ambição e as pessoas ao meu redor. Minha atitude me dava medo e, mesmo sem admitir, eu já não sabia mais quem eu era. Eu estava presa a uma caricatura, Catherine Merteuil era só uma máscara, mas, afinal, quem era eu realmente? Nem eu sabia! Estava sendo modelada por uma forma que não era a minha. Eu simplesmente jogava um jogo e pensava representar uma personagem – personagem que eu aperfeiçoava dia a dia me espelhando em temíveis personagens femininas do universo cinematográfico da época. *Instinto Fatal* e *Ligações Perigosas* eram, entre outros, alguns dos meus filmes prediletos; eu lhes assistia e os incorporava, criando um caráter e um comportamento dignos de um louva-a-deus. Eu considerava o amor, sem a menor sombra de dúvida, uma mercadoria, um jogo, um conceito, um produto...

Embora isso seja coisa do passado e que minha sabedoria hoje seja aplicada em proveito de causas mais nobres, mesmo que Catherine Merteuil esteja enterrada e que La Baronne a tenha substituído, meu medo está ainda presente – e talvez tenha se intensificado.

Pois, no mundo atual, tenho a forte impressão de que tudo piorou. O amor e os relacionamentos são agora uma verdadeira rede de *marketing*. Eles se transformaram em excelentes fontes de lucro: agências de encontros, baladas para solteiros, séries de TV melosas, filmes românticos, lojas especializadas etc. O amor passou a ser vendido, os relacionamentos humanos são comercializados. O romance é certamente um dos maiores mercados do mundo, atraindo, a cada ano, mais e mais compradores de produtos de todos os gêneros que se possa imaginar.

Os verdadeiros valores desapareceram, e o "olhem-para-mim" está em alta. A Gata Borralheira passa a ser considerada uma aproveitadora ou uma prostituta, sendo que, um pouco antes, quando éramos jovens, sonhávamos em ser como ela e nos transformar em Cinderelas. O casamento agora é considerado algo sem importância, já que, mesmo antes de colocar a aliança no dedo, nós pensamos para nos tranquilizar: "Qualquer coisa, eu sempre posso me divorciar...", como se fosse uma saída de emergência, uma escapatória. Além disso, estamos mais seguras com relação ao homem que escolhemos, porque ouvimos demais o diz que diz que de todos ao nosso redor.

Será que pensamos, por um segundo que seja, no nosso coração? Nas nossas vontades reais? Será que nós nos perguntamos o que poderia realmente nos dar segurança, tranquilidade e felicidade? Na maioria das vezes... não... a gente simplesmente faz como os outros. A gente faz como os outros, mas em vão, porque não somos os outros. Somos nós mesmas e, se não brigarmos por nossa própria felicidade, ninguém fará isso por nós. Não há como almejar a felicidade e demandá-la às pessoas à nossa volta. Temos de criá-la, viver nossas vontades, nossos desejos, alegrarmo-nos como nos filmes da Disney. E devemos decidir assumir o controle da nossa vida, sermos honestas conosco e fazer uma grande limpeza em todas as áreas, descartando o que não serve para nós.

Todas as mulheres que me pediram ajuda tinham uma coisa em comum, elas estavam cegas. Estavam bloqueadas pela falta de lógica da mente, não tinham nenhuma luz e a falta de participação ativa em suas próprias vidas as fazia sofrer intensamente. Nesses casos, a solução é simples, trata-se de se impor e reinar em sua vida, alegremente. Afastar-se para ver as coisas de outro ângulo, em perspectiva, é com certeza uma atitude essencial para qualquer vida equilibrada. Mas deve-se respeitar o tempo necessário para construir minuciosamente esse equilíbrio e, finalmente, elevar a vida a um nível superior.

Quando eu falo de revolução feminina, estou falando da força de caráter que será preciso adquirir e cultivar, ao longo dos acontecimentos da sua vida. Essa força de caráter, essa personalidade forte, que tenho quero transmitir a você e lhe oferecer como herança. Daqui por diante, você precisará de serenidade, certa atitude zen, escolhas mais acertadas com relação aos seus futuros namorados e de um mínimo de exigência com relação a si. Por fim, você precisará agir – eu acho que se fala demais e se age de menos... Esqueça tudo aquilo por que é obcecada e em que tem fixação, pois essas coisas seguram-na e desviam--na de suas prioridades. Seja coerente e, se você quer a felicidade, batalhe por ela.

Muitas mulheres não se sentem felizes e satisfeitas com a vida que têm. Uma série de coisas vai mal, muitas lacunas em branco e pouquíssimas pessoas as ajudam – eis, então, que surgem problemas e mais problemas. Você, assim como elas, gostaria de ser apoiada, mas será que você já não pediu isso? Eu responderia que sim. Mas ninguém vai entendê-la, pois as pessoas estão completamente distantes da vida que você leva. Ninguém vai auxiliá-la, porque essas mesmas pessoas estão preocupadas em se debruçar sobre sua própria vida – e eu não vejo nada de mesquinho nessa atitude, estamos falando de comportamento humano! Ninguém vai ajudá-la indefinidamente, da mesma forma que você não ajudará ninguém. No entanto, só uma pessoa neste mundo é responsável por tudo o que acontece em sua vida: você mesma. E só você tem a possibilidade de corrigir essa situação que considera caótica ou insatisfatória.

Quando falo de revolução feminina, eu me refiro a esse ressentimento e esse descontentamento com a vida. Eu me refiro a obter o controle de si mesma e a retomar, categórica e radicalmente, as rédeas de sua vida. Impor a si regras que nunca serão transgredidas, recuperar uma linha de conduta estável e, sobretudo, reencontrar o estilo de vida saudável que um dia já nutriu a sua felicidade.

Sobre a questão da felicidade, é curioso perceber que toda mulher acha que a outra teve mais sorte. Ao ver aquela vizinha loira-azeda com sua nova perua quatro por quatro, com bancos de couro e mais todos os opcionais, você logo se amaldiçoa por até hoje estar com o mesmo Golzinho cinza. No entanto, você não sabe que a loirona teve de entrar em um financiamento para comprar seu novo brinquedinho, e que, para conseguir pagar as prestações, vai comer pão com ovo por um bom tempo. Você se roeu de ciúmes ao conhecer a nova estagiária-lambisgoia super *sexy* do escritório e perceber que todos os carinhas – inclusive o Hugo, que teoricamente estava interessado em você – ficaram babando por ela. Porém, o que você nem desconfia é que aquela pobre bonitinha tem um QI e um

QE pequeníníssimos, o que faz com que, na maior parte das vezes, ela acabe tendo encontros de apenas uma noite com esses pretendentes e experimentando terríveis decepções amorosas o tempo todo.

Fantasiamos sobre a vida dos outros, imaginando que todo mundo experimenta o êxtase e a felicidade absolutos. Imaginamos mil histórias sobre a vida dessas pessoas e seu estado de espírito, que pensamos ser pra lá de tranquilo, o que, na maior parte dos casos, não é bem verdade, para dizer o mínimo. É mais do que justo que neste mundo todos tenham chance de lutar por si de alguma forma, e que cada um alcance o sucesso em seu tempo; ponto final.

Bem, e se seu equilíbrio consistir em: um trabalho em que você se sinta realizada e útil; amigos que a apoiam e com quem você partilha muitas paixões; um amor para lhe abraçar e dizer que: "Uau! Você está muito gata com seu novo *jeans*"; uma família para você não esquecer suas referências; um pouco de espiritualidade para ajudá-la a fazer um balanço de sua vida, analisando-a à distância; na prática de um esporte para lhe desestressar e liberar sua agressividade; baladas agitadíssimas para levantar o moral; um repertório cultural bacana para não se sentir bem e interagir quando, de repente, a gostosona do escritório, que acaba de ser promovida, começar um monólogo sobre células-tronco ou sobre o mais recente filme dos irmãos Cohen... Faça com que todas essas coisas, obrigatoriamente, estejam presentes em sua vida, para que você nunca mais tenha um sentimento de inferioridade perante aquela loira perfeita, que parece ter e ser boa em tudo.

Eu sei... Você não gosta daquela loira... Aquela loira perfeita, que estava na mesma sala que você no dia do teste final do colégio, demonstrando tanta segurança. A mesma loira que estava lá novamente no dia da formatura, ganhando uma menção honrosa, enquanto você passava raspando. Aquela loira que parece ter saído de um desfile da Victoria's Secret e que, na sua cabeça, vai lhe roubar a cena para sempre. Já no jardim de infância, ela estava lá: a menininha perfeita, de cabelo todo arrumado, com a mochila *pink* da Barbie.

Aquela loiraça belzebu que toda vez zomba de você, deixando-a em depressão total. O cabelo dela é lisérrimo e ela nunca precisou fazer chapinha, os dentes são naturalmente brancos e ela fica bronzeada o ano inteiro... Oh, vida.... Oh, vida... "Não disseram que ela podia ir para Hollywood participar de uma série de TV?! Então por que é que ela fica aqui para me assombrar?!".

Pela manhã, quando chega ao trabalho, ela sempre encontra um lugar para estacionar que parece estar esperando por ela. Já você, tem de começar o dia com meia hora de atraso e acabar com uma multa de estacionamento, porque não... você *não* encontrou uma vaga nessa manhã. Na hora do almoço, no restaurante da empresa, ela está logo à sua frente na fila e sempre pega a última fatia de torta pela qual você estava com água na boca havia vinte minutos. Mesmo no supermercado, ela sempre pega a fila mais rápida, deixando o local em dois minutos cronometrados, enquanto você ainda tem de esperar no mínimo quarenta e cinco minutos para ser atendida.

E o mundo profissional também sorri para ela: seu chefe anuncia, durante uma reunião, que haverá um reforço do setor editorial e que alguém da equipe será promovido a diretor regional de mídia na agência. Tudo isso seria ótimo, mas essa promoção não é para você... A tal loira fechou as maiores contas publicitárias do trimestre e, naturalmente, seu chefe a escolheu. E, para você, tudo continua na mesma!

Para você, existem dois tipos de mulher: 1) aquelas que são bem-sucedidas o tempo todo, que são chiques e charmosas, as cretinas que dão socos na mesa e sabem se impor; e 2) aquelas que suspiram pela vida e esperam as horas passarem. E é claro que você acha que não faz parte da primeira categoria. Você não foi promovida e, portanto, não vai ter um novo escritório modernoso, todo envidraçado e com uma vista deslumbrante para o mar. E quando se fala em mudança de emprego, fala-se em mudança de relacionamentos, evidentemente; enquanto a loira, de quem você não gosta, mas que foi promovida, vai almoçar em um restaurante badalado com a Juliana, chefe de operações, curtir a *happy hour* com a Cristina, diretora de *marketing* e comunicação e jantar com a Marília, diretora executiva de fusões e aquisições, você estará sempre com sua fiel escudeira, Natália, que, como em todos os encontros depois do trabalho, não para de lhe contaminar com sua insuportável energia negativa, queixando-se do trabalho e despejando em você a ladainha de que encontrar um bom emprego é uma tarefa cada vez mais difícil.

— Falando nisso, você vai poder me ajudar com o meu currículo?

É assim... Natália não para de encher a sua paciência.

Ah, não importa, você vai para casa e vai tomar um bom banho de espuma enquanto a babá coloca as crianças na cama. Mas que falta de sorte... Seu marido avisa que você não tem mais babá! Por causa de agenda de trabalho sobrecarregada, a tal da loira, que é sua vizinha, fez o favor de convencer a babá a trabalhar para ela, propondo um salário fixo, férias e décimo terceiro, além de uma passagem de avião para ela visitar a família!

E, então? Você vai deixá-la destruir sua vida enquanto sofre todo dia com o sucesso dela? Ou vai dar a volta por cima e dizer a si mesma que agora a estrela será você? Não se esqueça de que você é a atriz principal de sua própria vida e, sendo assim, como é que outra mulher poderia tomar seu lugar e receber todas as glórias? Porque ela não irá desaparecer nunca e sempre a lembrará de que sua vida está longe de ser tão maravilhosa e perfumada como a dela! Tentará fazer você perder a esperança e lhe dizendo que as coisas nunca serão diferentes para você simplesmente porque você não é loira.

Ela não desaparecerá jamais, nem ela nem todos os outros que colocam obstáculos a seu sucesso profissional. Eles estarão sempre presentes em sua vida, para provocá-la e denegri-la, e dizendo de maneira totalmente explícita, que são melhores do que você, que a felicidade é exclusiva para eles e que você passará sua vida toda juntando os cacos.

Isso eu posso afirmar, pois quando fui uma Catherine Merteuil, o papel da loira demoníaca era algo de que não podia fugir. Digamos que faz parte do "cargo" da dama de ferro perfeita: você decide deixar os homens babando, escolhe se tornar uma líder entre as mulheres; se impõe e mantém certa distância dos outros; precisa ter sucesso em tudo que empreende, além de ter as sobrancelhas um pouco levantadas e uma boca pequena em forma de coração; usa um anel de diamante e carrega modalidades de pagamento, para não ter de se preocupar com imprevistos. Isso diz muito sobre a personalidade dessas mulheres.

Como La Baronne, tenho mantido certos tipos de privilégio, um tanto necessários. As pessoas a enxergam de maneira diferente quando você chega diante de uma plateia trazida por um cortejo de carros. E como poderia a maioria dos homens não se sentir inferior a uma mulher tão formidável? Com tanto prestígio e tanto porte, não posso agir como se fosse qualquer mulher e, acima de tudo, ocupar-me com tarefas menores. Invisto nos genes de vencedor e procuro conviver com pessoas que tenham os mesmos princípios.

É exatamente assim que pensa a maioria das pessoas que você encontrar e que podem muitas vezes lhe parecer arrogantes. Essas pessoas que estragam seu humor e tentam diminuí-la sempre que têm uma oportunidade, enfatizando a superioridade delas e o fato de que você não é da mesma estirpe, e que nunca será capaz de disputar o mesmo espaço, muito menos de superá-las.

Esses problemas sociais aterrorizaram a mente de algumas de minhas clientes. Não importa se provocados por uma loira siliconada, por um monte de velhas endinheiradas, cheias de botox e adeptas da lipoaspiração, ou por um pseudo-Daniel Craig num *smoking* ultrachique; elas tiveram dificuldades reais para enfrentar esse mundo. Sentir-se apagadas e não conseguir encontrar seu lugar na sociedade. A enorme timidez que sentir demonstrava o tamanho de suas inibições e preocupações.

Elas se consideravam milhares, mas gosto de pensar que esse tipo de mulher tímida está sendo erradicada do planeta. E costumo dizer a todas essas pessoas que buscam o seu lugar no mundo, que elas nunca o encontrarão, simplesmente porque esse lugar não está em lugar algum. Cada pessoa já dispõe, de antemão, de um lugar definido. É inútil buscá-lo, pois ele já está em nós desde que nascemos. Não há necessidade de procurá-lo porque somos nós que o definimos. E também somos nós que lhe atribuímos uma posição significativa.

Percebeu? A diferença entre uma Catherine Merteuil ou uma La Baronne e os outros mortais é que elas não pedem, elas pegam sem pedir permissão e não se desculpam por isso. E elas agem sem demora. Elas se impõem e mandam. E diante de tanta segurança, os outros se curvam em uma reverência ou simplesmente se comprazem humildemente.

Se você está mal consigo mesma é porque o conceito que tem de si não está bem formulado. A ideia que tem de você mesma é algo que a assusta. Você não confia o suficiente em si própria, e tem tanto medo de fazer tudo errado que não faz nada. E, enquanto você se apaga em benefício de outras pessoas, estas se aproveitam disso para crescer social, profissional e afetivamente. Enquanto você se maldiz, outros se vangloriam e roubam o *show*. Então, a felicidade que experimentam a deixa cega a tal ponto que você não consegue construir a sua.

Você deve aprender a deixar de lado as pessoas e os acontecimentos negativos que a cercam e que querem atingi-la a ponto de prejudicá-la de maneira significativa, para que você, seu humor e suas vibrações positivas nunca se esvaiam. Nós já sabemos muito bem que o equilíbrio está nessa autonomia e nessa separação de coisas.

Com relação a essa revolução feminina, eu sonhei que as mulheres deveriam ter a oportunidade de serem felizes consigo mesmas e para si mesmas. De reaprender a viver e assumir a responsabilidade pela vida delas, de escapar dos maus pensamentos que mantêm ao longo do tempo e de se libertar deles. Eu imaginei a possibilidade de curtir apenas os bons momentos da vida e de se livrar, o mais rápido possível, de todos aqueles instantes corrosivos para a nossa mente e nossa alma. E apenas guardar o melhor das relações que vivessem e de enterrá-las quando começassem a minguar.

Qualquer que seja o tipo de acontecimento vivido ou por viver, podemos tirar dele o melhor e evitar a desgraça, porque o objetivo do jogo da vida é sorrir ao máximo e fabricar seus próprios momentos de diversão. Sendo a vida nada mais do que uma sucessão de fracassos e sucessos, uma mercadoria perecível que cada um compartilha e consome como bem entende, nada nos é especialmente destinado e nada durará pela eternidade.

Felicidade e infelicidade devem soar para nós apenas como fluxos... Fluxos irregulares que vão e vêm, fluxos que trocamos, que damos e recebemos. Conceitos abstratos que hoje serão nossos e que amanhã vão para outros, e ponto final. Portanto, seja cortês perante a vida e os fluxos que ela lhe oferece, pois o futuro reserva segredos e presentes de todo tipo – e cabe a você ser forte e paciente o bastante para vê-los acontecer. Abra-se para a vida e seja gentil para com ela, levando-a numa boa e tendo clareza de pensamento. Dessa forma, logo verá seu dia a dia melhorar.

E quanto ao destino, acolha-o de braços abertos, pois seja qual for o bem ou mal que a tenha atingido, você não poderia escapar a ele; e seja qual for o bem ou o mal de que você escapou, ele não poderia tê-la atingido. Encare a vida dessa maneira, e suas preocupações se tornarão obsoletas e ultrapassadas. Logicamente, não estou querendo de forma alguma omitir o fato de que você tem de aprender a fazer boas escolhas, a não mais se deixar enganar e, enfim, tomar uma atitude digna de uma mulher que conhece seus princípios e desejos. A força de caráter e a paciência são o alicerce de todo sucesso, elas permitem que você esqueça rapidinho aquele seu ex cretino, que não serve para nada, e também lhe proporcionam promoções no trabalho e a realização de seus sonhos mais ousados.

Imaginei o conceito de *Hitch girl* com base nessa força de caráter. As mulheres que não alcançam sucesso no que empreendem têm pouco dessa força de caráter – ou não têm nenhuma. É um grande erro considerar a luta sem sentido e, de maneira covarde, renunciar a tudo pelo que se tem vivido até então. Tornando-se uma *Hitch girl,* as coisas ficam mais simples: as mulheres abandonam sua vida antiga, semeada por derrotas e destroços para, em lugar disso, construir uma nova vida baseada na força de caráter e provida de sucesso constante.

Esse sucesso abrange todas as áreas da vida, sem exceção. É um sucesso que se desfruta no dia a dia, permitindo-nos conciliar a vida a dois, as relações familiares e o cotidiano de trabalho. Ele nos possibilita vestir uma roupa de ginática no sábado de manhã para nos exercitar e, na noite desse mesmo sábado, trocá-la por um vestido Versace para ir dançar. Um sucesso que nos permite viver a vida como queremos e não como a maioria espera que vivamos. Um sucesso que nos permite evoluir e não sofrer.

Porque sofrer é o que quase todas as mulheres fazem. Sofrer com as mudanças de humor dos namorados, você sabe bem, esses mauricinhos de que falamos um pouco antes ou esses vagabundos com cérebro de ameba. Aqueles para quem você faz todo tipo de esforço, dizendo: "Tudo bem, afinal ele é meu amorzinho". Esses caras folgados, que tomaram conta de seu livre arbítrio e impõem a você os mais ridículos caprichos. Você concorda e diz sim aos mínimos desejos deles, então você escuta um "eu te amo", mas infelizmente não percebe as armadilhas e a falsidade que cercam essa frase.

Você sofre no trabalho, onde espera as horas passarem e prefere ficar jogando paciência no computador enquanto a loira, que parece ter roubado sua vida, está na sua sala de diretora regional de mídia, no décimo quarto andar. Aliás, a mesma fulana que acaba de fazer uma ligação para Tóquio, e que está se preparando para uma teleconferência com todos os grandes diretores da matriz europeia, mas que antes vai se dar ao luxo de comprar, com seu cartão de crédito ilimitado, um sapato do Studio TMLS, que é o atual sonho de consumo dos fashionistas.

Você sofre com sua família, pois até mesmo sobre seus filhos você não tem controle e precisa fazer todos seus telefonemas na área de serviço para escutar a ligação e falar mais em paz...

Você sofre o tempo todo, mas até quando isso vai durar? Não seria hora de recuperar o controle de tudo o que lhe escapa pelas mãos? De apagar, destruir e repintar tudo com as cores mais bonitas do arco-íris? Você precisa reconhecer seu exato valor. Mas, para isso, é necessário exibi-lo. Mostrar o quanto você vale.

Antes Catherine Merteuil, agora La Baronne... Eu não tenho mais essa preocupação com a autoestima. Porque, quando você já passou por essa escola da vida, quando conquistou todos os diplomas de nobreza e inteligência, quando seu pensamento é tão impressionante quanto suas ações, quando você obtém o título de doutora na disciplina "Mulher Fatal" e acrescenta a ele um pós-doutorado em "Mulher de Honra", o mundo se sente inconscientemente obrigado a lhe estender o tapete vermelho. Aí já não é necessário exaltar suas virtudes, as outras pessoas fazem isso por você.

Eu ensinava as minhas clientes a lutar por esse tipo de honra: obter respeito sem ter de pedi-lo. Esse mesmo respeito que deveria ser lógico e natural, mas que hoje em dia é algo raro e sem valor. Eu ensinava minhas clientes a terem orgulho de suas medalhas de honra. Ensinava que a partir dali elas pertenciam a uma entidade: *Hitch girls*, as mulheres que se garantem. Mulheres que exigem e conseguem. Mulheres que estalam os dedos e têm seus desejos atendidos no minuto seguinte. E elas tinham de optar por honrar esse acordo feito comigo. Tinham de decidir não mais fazer mal a si e não deixar que ninguém, seja lá quem fosse, fizesse mal a elas. Tinham de acreditar que a vida é bela e que, para elas, poderia ser sempre assim. Crer que eram iluminadas e que nada poderia atingi-las nem perturbá-las. Decidir assumir certa postura, para que passassem a ser vistas como "poderosas"!

Poderosa é a mulher que concilia perfeitamente bem a vida conjugal e a vida pessoal. A que sabe preparar panquecas para o café da manhã, mas também aprecia ir à uma padaria boutique para se permitir um bom *brunch* no domingo. É a mulher que não sente medo de frequentar aulas de golfe porque sabe que é capaz de fazer bonito. É a mulher incrível que conhece seus princípios de vida, seus valores, e que se prende firmemente sem abrir mão deles. A mulher fatal que é capaz de desfrutar de um delicioso *cappuccino* de manhã, após acordar ao lado de seu amado, mas que também sabe quando é hora de levantar acampamento porque esse homem não está e nem conseguirá ficar à altura dela – com certeza uma conclusão obtida após muita reflexão.

Agora, pense, como você pode ser convidada para ir ao Jockey Club na quarta-feira se você acha que não tem *glamour* suficiente para frequentar esse clube de prestígio? Como o sósia de George Clooney, que acabou de passar por você, pode pensar em convidá-la para sair e tomar uma bebida nessa agradável noite de verão, se quando ele a olha você parece estar chateada?

Ah! Como... Por quê... Podemos ficar presas nessas perguntas pelo resto de nossas vidas. Mas você sabe, para o mundo pouco importa seu passado torturado se hoje você se mostra bem. As pessoas estão se lixando se você teve uma infância difícil, e se, toda segunda-feira, sua mãe cozinhava miúdos de boi que você detestava comer. As pessoas não dão bola nenhuma para seu passado e menos ainda para seu futuro. E, hoje, você deveria parar de lutar com o que você foi ou com o que você quer se tornar... Como evoluir sendo três pessoas? Nem tente, você não vai conseguir!

Mas você vai entender agora porque muitas vezes é barrada ao tentar entrar naquela festa fechada: você se arruma, coloca o vestido de paetê, um toque de Carolina Herrera e capricha na bolsa. Chega com um sorriso no rosto e no minuto seguinte já está carrancuda. O que aconteceu? A ideia era que você brilhasse! Bem, e realmente não é o que parece. A *hostess*, treinada para perceber esse tipo de comportamento: "Me desculpe, não ache que estou barrando sua entrada, mas é que a festa já está lotada. Ninguém mais entra". Mas, na verdade, ela percebeu em você uma pobre coitada, um tanto torturada demais, que só iria detonar, no mau sentido, a balada.

A questão é simples: se quer ter sucesso, não pode emanar energia negativa. Comportamentos e ações eternamente mal resolvidos, e que a deixam perdida. Sua aparência e suas atitudes transmitem suas incomensuráveis neuroses consigo, o que mina seu relacionamento social e não lhe permite avançar como gostaria.

O ponto principal não é parecer equilibrada apenas pelo prazer de passar essa imagem aos outros. É preciso ter equilíbrio para seu o próprio prazer e benefício. Não pense nos outros, e sim em você, no seu "eu". Essa atitude é essencial! Quando conjugamos os verbos, o "EU" vem em primeiro lugar, antes de qualquer outra pessoa. E você não entendeu que, na conjugação de vida, deve ser assim também? Nisso não há nada de acaso ou coincidência... Na vida, comece cuidando de si. Comece a dizer "eu" e entre realmente no jogo, se quiser que o "você" apareça e que sua rede social se afine e se refine, para que, então, você possa ir atrás de outro pronome, o "ele".

Mas não se precipite... O seu "eu" ainda parece repleto de lacunas que precisam ser preenchidas. Porque para ter sucesso, é preciso contar consigo e, sobretudo, saber que pode esperar isso de si mesma. Tome as rédeas da situação e lute com mais garra. Seja cautelosa, mas não deixe de experimentar as diferentes opções oferecidas pela vida e perscrutar novos horizontes, até encontrar o caminho certo. Você tem de aprender a se colocar acima do julgamento que as pessoas fazem de você e, principalmente, a fazer o seu próprio.

Com a Hitch girl e La Baronne, você nunca mais vai se precipitar. Você não precisará mais viver na ilusão de uma vida, você vai realizar essa vida. Esta é, pelo menos, uma primeira ideia que eu gostaria que você colocasse em sua cabeça. Não avalie mais sua vida pela indiferença e pelas tentativas. Permita-se fazer descobertas e ter aventuras, agir com determinação e nutrir sua ambição.

Desfrute das possibilidades de dizer "eu" e "eu quero". Porque é dessa forma que você se garantirá e fará sua fama perdurar, ao ousar insistir naquilo que você é – e não qualquer uma. Quando as pessoas entendem isso, passarão a vê-la de maneira completamente diferente. E quando algumas compreenderem que devem respeitá-la, logo outras, pelo boca a boca, aprenderão a fazer isso também.

Agora você não é mais aquela adolescente magrela e totalmente apagada como era antes. Você se tornou La Baronne – temida, admirada, amada, imitada, observada e invejada. Você é a estrela do seu pequeno mundo e, dia após dia, sua reputação se aprofunda e se firma. Você não precisa, fazer os homens entenderem que está no controle. Seu olhar e suas maneiras já dizem isso: sim, com certeza, essa mulher é uma rainha.

Passei o último ano ridicularizando os caras mais covardes e vis. De uma forma como ninguém nunca fizera. Passei meses inteiros fazendo-os lamentar ser o que são. Treinei mulheres para identificá-los e ensinei-as como se livrar deles. Forneci a elas as cordas para que prendessem e martirizassem esses pobres idiotas. E eu experimentava com isso a mais intensa alegria, porque, no século XXI, em uma sociedade como a nossa, que gosta de anunciar seus "direitos iguais", é simplesmente absurdo e inaceitável que esses estúpidos ainda possam praticar os piores abusos.

O amor e os relacionamentos humanos são um tema sério, que dizem respeito à psicologia e aos estudos da mente. Dependendo do fato de sermos ou não felizes no amor, podemos dizer que somos ou não felizes na vida.Foi com este pensamento firme que mudei o curso da minha vida. Eu me senti estimulada a orientar as mulheres para que pudessem alterar o curso de suas vidas.

Ser consultora não era uma profissão, mas era uma oportunidade para transmitir minhas convicções e, ao longo do tempo, conferir a evolução de tantas mulheres.

Uma Hitch girl é o símbolo da vitória. E se toda grande personalidade da história foi motivada por alguém, eu tenho sido impulsionada por milhares de mulheres que me incentivaram. Milhares de mulheres que compartilharam comigo seus medos e dúvidas, seus defeitos e receios, suas deficiências e feridas.

Eu adoro ouvir as confidências das minhas clientes. Gosto de passar um tempo com elas. Curto analisar as pessoas, as vidas. E, além disso, também aproveito todos os momentos malucos, as infindáveis explosões de riso. Como aconteceu com aquela garota que "degustava" barras de chocolate escondida, quando se esperava que estivesse fazendo o regime da moda e que, por isso, em vez de perder um quilo por dia, aumentava um e meio. Então, imagine minha cara e a incongruência da cena quando ela me confessou, depois de dez dias, que "só mordiscava", segundo suas palavras, uns chocolatinhos de vez em quando...

E também houve aquela garota assustada com os "contatos" masculinos e que, ao menor cumprimento de um homem, ficava histérica e me ligava descontrolada:

— Ele disse olá! O que ele quer dizer com isso? Ele me disse simplesmente olá... Será que ele está querendo dizer que gosta de mim ou só está sendo simpático? E eu preciso encontrar uma resposta, por favor, me ajude! a) Se eu lhe disser "olá" vai parecer que estou gostando dele?. b) Meu "olá" deve ter um ar simpático?. c) O que eu faço se ele perceber, por um único segundo, que eu estava pensando em a) ou b)?

Quando você está em uma festinha com umas vinte pessoas ou no meio de um encontro amoroso; quando está no chuveiro ou ainda em sono profundo às quatro da manhã e recebe esse tipo de chamada ou de torpedo, devo confessar, você se questiona seriamente se é esse o tipo de trabalho que você quer fazer. E, pior, começa a duvidar um pouco de seu orgulho da sua própria capacidade. Porque se ser a Mulher-Maravilha implica, fora o fato de ser bonita, carismática, classuda, admirada, também não ter mais privacidade, ter de estar vinte e quatro horas à disposição de pessoas que precisam, de não poder descansar quando quiser, também de não ter lazer nem lugar no seu planejamento para aquele novo Don Juan tão envolvente. Então você pensa em checar aquele contrato tão especial que assinou com a vida, para ser uma consultora feminina nos tempos modernos.

A princípio, eu queria que essa faceta de "*expert* em sedução" permanecesse secreta. Mas os boatos foram rápidos em me denunciar, a ponto de, assim que entrava nos edifícios, ganhava centenas de olhares cheios de significado, impedindo-me de prosseguir e solicitando ajuda.

Eu não tinha mais a oportunidade de percorrer discretamente o pequeno corredor dos elevadores, pois, qualquer que fosse o itinerário que eu escolhesse, deparava-me com rostos curiosos.

Devo confessar que amei esse notável interesse de que fui alvo. Aproveitei a oportunidade para fazer ao mesmo tempo minha clientela crescer e diversificar meu trabalho. Dali, aliás, surgiram meus encontros, reuniões comunitárias e palestras apimentadas.

Poderíamos pensar que as mulheres que usam o serviço de uma *expert* em sedução têm uma natureza neurótica, não suportam mais a vida, são complexadas até a última espinha e estão arrancando os cabelos de desespero. Mas não. Algumas eram proprietárias de um maravilhoso apartamento com uma vista incrível para o mar, outras tinham altos cargos em prestigiados escritórios de negócios. sem contar as mulheres que poderiam ser chamadas de megapopulares pelas amigas, com milhares de números de telefones e endereços gravados no celular.

Finalmente havia solteiras superdescoladas, mães de família dedicadas ao lar, garotas que sabiam tudo da vida de Karl Lagerfeld e da Maison Chanel, mulheres que tinham uma mesa reservada nos restaurantes mais badalados.

Por mais que elas levassem uma existência isolada em seu cantinho do paraíso. Muitas delas não compreendiam esse fenômeno intrigante que é o amor. Aí é que eu entrava, e me afundava em meios a seus dossiês, pedidos e vontades. Elas gostavam da minha conversa franca e das atitudes que eu tomava.

Enfim, muitas pessoas haviam passado a me ver de uma maneira completamente diferente daquela que eu era e como eu mesma me via na minha adolescência. Agora eu era La Baronne *expert* em sedução. Uma perita. Aquela que tinha a chave que abria todas as portas. Aquela que sabia o que todo mundo ignorava. Para mim, isso não deveria ser um motivo de orgulho? Eu havia sido eleita!

Aquela a quem a vida tinha decidido confiar uma parte de seus segredos.

Eu havia sido uma das únicas a poder dissertar com tanta facilidade sobre o amor.

O amor é uma espécie de doença contagiosa que não tem nenhum remédio, a não ser o tempo. É um mistério que nos faz bem ou mal, dependendo do rumo que toma. Existem aquelas que tiram a sorte grande, vivendo um louco amor, existem as que ainda não se sentem prontas, existem ainda aquelas que não pensam em nada mais na vida senão no amor – enfim, há muitos casos, mas no fim das contas todas as mulheres pensam nisso. Nós ouvimos falar tanto de amor à primeira vista, dessa coisa que nos cega sem nem sequer nos tocar, e queremos tanto saber o que é essa magia e como é viver esse sonho, que afinal fazemos qualquer coisa para consegui-lo.

Queremos amar e ser amadas, queremos dar e, logicamente, receber.

Diante disso quem não vira um autor pode supor que a única coisa que resta a fazer é chorar e continuar sonhando. E continuar insistindo em imaginar, lembrar de todos os filmes que as marcaram, ver o tempo e as estações se sucederem e testemunhar as pessoas se unirem. E, depois se sentir um lixo e pensar que são amaldiçoadas. Ou pior, tornar-se indiferente às demais pessoas e duvidar se existe realmente alguém que combine consigo. Tudo parece tão utópico e longínquo, tão idílico e improvável, que desistindo...

Mas que erro pensar assim! Que loucura agir desse jeito!

E não é raro nos revoltarmos com a vida, contra falta de frutos que ela ainda não nos deu... Com isso, acabamos nos afobando, batendo cabeça de um lado e de outro à procura desse sentimento tão valioso, e nos esquecemos de uma questão essencial: simplesmente ainda não estamos prontas para o amor. Esquecemos que alguns de nossos projetos ainda não se concretizaram, que ainda somos imaturas, que o fantasma do ex que habitou nossas vidas por muito tempo ainda nos ronda. Esquecemos que por conta de tudo isso, ainda não conseguiríamos dar a devida importância ao amor pelo qual tanto esperamos em nossas vidas.

Para se apaixonar de verdade é preciso estar pronta. Estamos falando de um acontecimento tão excepcional, de uma arte tão preciosa, de um sentimento que nos preencherá e nos envolverá de tal forma, de uma paixão presa em nós tão profundamente, que exigirá de nós um comprometimento moral, físico e psicológico. É muito mais profundo e complexo do que uma atração recíproca, do que um beijo trocado ou algumas palavras doces. É muito mais bonito do que tudo o que já imaginamos ou vivemos.

O amor exige muito envolvimento de sua parte! E o comprometimento que ele exige supõe, necessariamente, uma abertura total de si mesma e uma aceitação completa do outro. Trata-se de viver esse amor, mas também de assumir o tempo de construí-lo...

Você acha que está preparada para fazer isso? Você acha que é forte o suficiente para viver esse furacão de felicidade que surgirá, e que a arrancará da monotonia da sua vida, para posicioná-la diante de alguém que irá virar o curso da sua existência de ponta-cabeça? Eu não posso lhe dar essa resposta...

Particularmente, eu não me sinto nem um pouco pronta para fazer todas essas coisas de uma hora para outra. Uma carreira profissional em ascensão, um planejamento de mil projetos para o futuro, minha própria vida, cujos traços e contornos eu ainda não consigo esboçar, questões sobre as quais ainda não me posicionei direito – resumindo, sentimentos sobre os quais eu ainda preciso me estabilizar. Preciso abrir um espaço dentro de mim para poder dar lugar a esse ser tão valioso que me espera nos caminhos dessa vida pelos quais eu ainda não passei. Mas eu sei que todas essas coisas não vão demorar muito, e você deve saber que com você acontecerá a mesma coisa.

Antes, disso tudo acontecer, você precisa preparar um ninho aconchegante em sua vida para que essa formosa criatura possa finalmente chegar e se instalar. Sem deixar de lado sua sinceridade e seu bom humor; sem esquecer que formar um casal é uma enorme responsabilidade; sem esquecer que o amor é um sentimento eterno, mas que é preciso mantê-lo e cuidar dele para conseguir propagá-lo e ensinar aos seus filhos.

Costuma-se dizer que o amor é mais forte do que tudo nessa vida, que ele consegue ultrapassar todas as barreiras, anular todas as diferenças e, com certeza, existe uma dose de verdade nisso. Mas, no fundo, é preciso levar em conta as prioridades de vida de cada pessoa, e saber se essas prioridades combinam com as nossas. Porque formar um casal é uma coisa bonita, mas depois disso há o casamento, uma vida a constituir, os filhos, a escolha da educação desses filhos e os referenciais a transmitir para eles.

Além disso, unir-se a alguém por causa de um sentimento é ótimo, mas acrescentar a isso uma dose de racionalidade é melhor ainda. É importante se juntar a alguém por causa do que nós somos e do que o outro parece ser, pois encontramos no outro uma parte daquilo que procuramos. Mas, para isso acontecer deve-se evitar idealizar tudo, é necessário usar um mínimo de objetividade e, sobretudo, nunca ir depressa demais, pois corre-se o risco de se entregar a uma ilusão. Por isso, agregue esses conselhos a seus momentos de reflexão, pois assim você ganhará umas boas horas em seus próximos relacionamentos.

Desconfie, entre outras coisas, de relacionamentos passionais em que, após uma semana, "meu amor" e "minha querida" já são moedas corrente, pois essas relações não passam do simples resultado de uma carência mútua somado a um desconhecimento recíproco – nenhum dos dois se conhece e conhece o outro, e acaba achando que encontrou nessa relação tudo o que buscava. Dessa forma, não se conhece o que o outro realmente é, pois é mais fácil idealizá-lo do jeito que esperamos que ele seja. E, quando se descobre sua real personalidade, a relação acaba em uma grande decepção com feridas expostas.

Quanto ao amor do qual eu lhe falo, ele é único e incomparável. Ele precisa de tempo para chegar e se mostrar, mas a espera vale muito a pena. As outras relações que vocês já viveram foram bem mais rasas – em todos os sentidos... E, em geral, o rastro que elas deixaram é uma espécie de dificuldade para respirar, de sufoco, de vivência crua e sem graça, insípida e enjoada. Como um champanhe sem bolhinhas.

Em cada uma dessas relações que não dão em nada, sentimo-nos mal e arrasadas, nossa crença no amor e na felicidade ficam fortemente abaladas. É preciso tomar cuidado para que seu bom humor e, sobretudo, sua alegria de viver não sejam sacudidos por tropeços do passado. Basta que vocês aprendam a diferenciar o verdadeiro do falso e compreendam como funciona uma relação, para conseguir que ela seja equilibrada. Essas coisas se aprendem aos poucos, não adianta ir com pressa, pois o legal aproveitar cada etapa de uma relação.

Os encontros românticos com uma semana de intervalo entre um e outro; aquela mensagem de texto que chega no meio da noite, quando a gente menos espera; o convite para jantar no fim de semana; depois a emoção, o bem-estar e aquela sensação de calor que aumenta todos os dias, e vai nos dando tranquilidade e segurança. Os segredinhos que sempre temos para contar um ao outro; as noites passadas em claro batendo papo e os passeios feitos a dois à beira-mar; e aquele primeiro beijo inevitável, que curtimos da melhor forma. Sem se esquecer do "problema" que é encerrar os telefonemas, em que ficamos tão tristes por ter de deixar o outro que, em vez de desligar, resolvemos falar mais e compartilhar com ele todos os nossos sentimentos mais íntimos, que ressoam e tomam forma na atenção que o outro nos dedica ao nos escutar.

Surge uma conexão que ninguém entende, mas que se cria ao longo do tempo, e que faz vocês, dois adultos transcendidos pela magia dos acontecimentos, retomarem surpreendentemente a beleza e a felicidade presente na infância. O céu está sempre azul e os dias de chuva não existem – o sol sempre brilha para vocês. Você já não faz mais as mesmas coisas e sua agenda fica livre, para se ocupar com incessantes encontros amorosos. Você acaba entendendo o sentido de todas aquelas canções de amor que, até então, pareciam-lhe tão bobas; e se sente única, o que não é à toa – você é mesmo!

Vocês conseguiram juntos construir sólidas bases para uma relação de casal repleta de emoção e alegria a tal ponto que, ao conversar com suas melhores amigas e uma delas, a Helena, revelar que está com problemas no relacionamento, você esquece de uma hora para a outra tudo aquilo pelo que já passou, e até assume um ar freudiano:

— Mas dê tempo ao tempo, e ao seu namorado... Espera um pouco ou então ele se sentirá sufocado!

Um ano de relacionamento, uma comemoração cheia de emoções, você decide voltar àquele lugar tão especial que favoreceu o encontro de vocês dois, e a felicidade chega ao ápice. Um primeiro "eu te amo" que desabrochou e voou em sua direção, um segundo que confirmou que essa felicidade que você está vivendo é mesmo real... Será que dá para pensar em comprar uma casa juntos? Quem sabe o que o futuro lhe reserva... E esse futuro foi você quem decidiu, ao optar pela maturidade, pela tolerância, também pelo respeito e pela gentileza recíproca.

Esse relacionamento é do tipo que todo mundo gostaria e deveria viver. É uma relação ideal que, teoricamente, com um pouco de vontade, daria para oferecer a si mesma – mas, infelizmente, as coisas não acontecem desse jeito. Na maioria das vezes – aliás, – as relações amorosas que vivemos são impregnadas de certo desdém e pressa, além dos diferentes complexos e das várias complicações de comunicação que se somam e se misturam.

Na verdade, muitas vezes vivemos um relacionamento mais ou menos do mesmo jeito. Quer ele dure seis dias, seis meses ou seis anos, seu ciclo de vida é praticamente igual: um encontro, o começo em que tudo é lindo, a vida a dois em que tudo fica esquisito, as brigas e a sensação de estar sufocado no relacionamento e a ruptura, quando o sentimento de um dos dois esfria, causando ao outro uma depressão profunda e noites arrasadas.

Imagine um encontro: você vai ao Rio de Janeiro para participar de um congresso, e acaba tropeçando nele. Como está há quase sete meses vivendo do seguro desemprego, ele costuma de passar os dias passeando pelas ruas, à procura de distração, preencher as horas vagas e disfarçar aquela horrível sensação de ser um fracassado na vida.

Perfeito! Uma garota bem-sucedida profissionalmente à procura do príncipe encantado. O que poderia ser melhor para tirar proveito, exercitando a velha e boa prática do "Don Juan charmoso e sarado"?

Realmente, é ideal: alguns olhares, dois ou três sorrisos e, para você, um: "Eaê, gatinha! Curtindo a praia?" que faz toda a diferença. Ele conseguiu quebrar o gelo e, de repente, é verão: você já se imagina em um luau à beira-mar, naquela praia de areia bem branquinha com ele.

O cafajeste sabe como fazer as coisas, o pai o ensinou direitinho, pois, naquela família, a malandragem é uma arte que se transmite de geração em geração. Por isso ele sabe que um jantar à luz de velas, em uma bela noite estrelada, pode levá-la às nuvens; e que – como com a maioria das mulheres – com umas poucas palavras de amor, um punhado de engabelação e três gotas de perfume Armani, ele consegue levá-la para cama.

E, se ele tiver a malícia de ainda somar a tudo isso uma atitude e um discurso do cara que não dá sorte no amor, porque é sincero demais, perfeito demais e bom demais – quase ingênuo demais –, aí, então, ele a ganha. Derrete seu coração e você, completamente entregue, sai correndo da mesa e liga para contar a sua melhor amiga que está jantando, segundo suas próprias palavras, com o "homem perfeito".

Foi um encontro emocionante para você, que ficou toda contente com a ideia de ter finalmente encontrado o homem da sua vida; sem esquecer a pitada de comoção, quando ele contou sobre aquela vez em que salvou um cachorrinho de se afogar e, ainda, quando resgatou quatro velhinhos de um asilo em chamas. Quanta emoção! E seus cinco sentidos acabam completamente desorientados...

Esse amor de praia a deixou completamente em transe, o raio do congresso era na verdade chatíssimo e sem falarue isso a está ajudando a esquecer o ex, aquele que tinha fetiche por pés. Evidentemente, isso tudo junto criou em você um turbilhão de excitação, sem nem mesmo a relação ter começado, você já está completamente encantada. Guilherme... ele se chama Guilherme... O nome dele já não sai mais da sua cabeça. Para você, ele não tem defeitos; e aos seus olhos ele é superfofo. Por isso é com imensa alegria que você decide aceitar um segundo encontro, no dia seguinte, em uma lanchonete a beira-mar. O cenário é paradisíaco, ele chegará com uma rosa vermelha na mão e dirá que, na noite anterior, não conseguiu pregar os olhos, pois sua imagem não o deixava adormecer. Sem esquecer de acrescentar, é claro:

— Mas o que importa! Afinal, eu estava pensando em você...

Você se sentirá única no mundo e, principalmente, uma sortuda por ter tropeçado em um partidão como ele: charmoso, elegante, romântico, simpático e ainda por cima se diz diretor de uma multinacional. Nossa, será que um dia desses ele não a levaria para dar uma volta de jatinho?

Sua mãe, seguramente, irá adorá-lo, além disso, até que enfim você poderá dar a volta por cima e responder à altura a todas as incessantes recriminações e zombarias sobre a sua solteirice e seus erros de percurso. Sua mãe finalmente irá parar de falar da vizinha, a chata da Jaqueline com quem você estudou e que acaba de se casar com um deputado; por isso você tem pressa de convidá-lo para jantar na casa de seus pais, só para poder chegar toda orgulhosa de braço dado com seu partidão e fazer todo mundo morder a língua!

Mais do que isso, você não vê a hora de voltar para casa e ter finalmente ao seu lado um homem que parece valer a pena – e que, ainda por cima, também parece valer mais a pena do que os namorados de todas as suas amigas. Finalmente um cavalheiro para os jantares a seis, nos quais vocês eram cinco, na verdade, já que você sempre estava sozinha!

Você está com pressa de voltar para casa e de viver a continuação dos acontecimentos, mas, ao mesmo tempo, não quer ir embora dali de jeito nenhum. Você está tão bem com ele... Longe do mundo, da sua vida, das contas para pagar, do chefe, longe de toda a chateação do dia a dia. Juntos, em meros três dias, vocês conseguiram criar uma verdadeira "relação adulta".

Ele fala de arte, de Victor Hugo – não das bolsas, mas do escritor –, ele fala da fazenda dele no Mato Grosso (que na verdade não existe) e promete que vai levá-la até lá, *assim que der*...

— Ah, eu adoro cavalos! Quando eu era pequena, fazia equitação com meu pai.

Nossa, eu fico até triste, porque desse jeito, como uma verdadeira menina inexperiente e ingênua, você vai caindo em todas as armadilhas e em todos os golpes aplicados pelo seu falso príncipe. Quanto maiores são as mentiras, mais você parece acreditar.

Mas, afinal de contas, por que não poderia acontecer com você! Afinal você é uma mulher superlegal, com um monte de qualidades. Então, por que é que não pode tropeçar em um homem excepcional. Bem, pouco importa. Os próximos meses vão lhe mostrar o quanto esse relacionamento é enganador.

Já para você, pouco importa o que os outros dizem, você fica tão bem com ele... De volta a sua realidade, tudo fica ainda mais mágico, porque a relação parece bem real e ele, bem presente. Está certo que você não consegue vê-lo o tempo todo por causa do (inexistente) trabalho dele na multinacional, mas pouco importa, pois você acredita nas fábulas dele.

Na vida real, como os seiscentos reais que ele recebe de seguro desemprego por mês não permitem que ele a leve muitas vezes a lugares luxuosos, é compreensível que ele apareça na sua casa de vez em quando, dizendo que queria lhe fazer uma surpresa, ou que estava passando pelo bairro e deu aquela vontade incontrolável de lhe ver. Afinal, ele sente tanto a sua falta (na verdade ele sente falta da comida que já não tinha mais em casa), e as mensagens de texto mandadas para lá e para cá já não davam conta de exprimir os sentimentos dele (afinal faz dois dias que ele não come direito), é com a maior naturalidade que ele dá as caras.

Você foi pega de surpresa, não preparada... O que é que ele vai pensar!? E logo *você* pensa: "Será que ele vai desistir de mim, por causa do meu absoluto desleixo e falta de beleza, ou os sentimentos dele são mais importantes do que as aparências às quais um homem como ele costuma tanto se importar?". E, enquanto você não sabe como reagir, vermelha e envergonhada, porque ele pegou você com rolinhos no cabelo, ele só tem um único pensamento: "Comer".

E eis outro sinal de alerta para você: ficar supercontente pois acha que Guilherme é um homem... um homem de verdade. Afinal, ele sabe driblar certas situações, vide a distinção que superou o caso "dos bobes no cabelo", em que catorze em catorze de seus ex-namorados foram reprovados. E, então, você continua nesse sonho: "Nossa, será que ele me ama mesmo?! Mesmo com esses benditos rolinhos no cabelo, caramba!"

O começo dessa relação será tão bonito, serão criadas ligações tão fortes... Sem falar dessa sintonia que faz com que vocês estejam de acordo seja lá qual for o assunto; os olhares profundos, cheios de significado; e os beijos que falam por si. Você precisava tanto de um homem como ele: estimulante, protetor, apaixonante... Você sonhava tanto com um homem exatamente assim, e ele parece tanto ser um bom partido...

"Afinal, por que ele me escolheu?". Cedo ou tarde você é tomada de um sentimento de culpa e inferioridade. Como acha que não o merece, você se desdobra em esforços para não vê-lo ir embora. Você quer segurar o presente dos céus que imagina ter ganho e, então, inverte os papéis... Aquela fase inicial em que tudo era lindo, tudo eram rosas, evapora-se. Os momentos em que ele "tomava conta" de você e tentava surpreendê-la se dissipam, pois você inverteu o rumo do relacionamento.

Chega a fase da relação de casal. Para ele, você já é algo conquistado, enquanto, para você, perdê-lo é algo impensável, então você faz de tudo para mantê-lo ao seu lado. A relação de casal está aí, posta, e não tem nada de glamourosa: o seu amado se instala em sua casa; ele saiu do *loft* de quinhentos metros quadrados em que morava porque está superapaixonado, e prefere morar na sua casa e se cercar de tudo o que lhe pertence – tudo mesmo, inclusive seu carro, que pede emprestado o tempo todo, fazendo-a usar o transporte público.

Ele simplesmente se apossa de tudo o que é seu, inclusive do dinheiro da sua carteira, quando você está no chuveiro; e deixa para você a tarefa de fazer as compras, enquanto dá uma de Poderoso Chefão, com os pés em cima da mesa e cigarro entre os dedos. Agora ele já não telefona mais para sussurrar que sente sua falta, mas para dizer para você não se esquecer de trazer amendoim e cerveja para casa.

Enquanto aquela sua amiga da faculdade, a Beatriz, percorre todas as lojas de Milão com um ricaço que ela conheceu e se esbalda comprando horrores às custas do novo caso dela, você, minha cara, só tem direito a dias e dias no Walmart com o Guilherme. Mais especificamente no setor de colchões, pois ele viu um anúncio do bendito colchão da Nasa, aquele supercolchão que traz mil e um benefícios para você e seu sono... Ah! Não era bem isso que você imaginava de uma tarde de compras, mas ainda está convencida de que tudo bem, o amor é isso mesmo: fazer um monte de concessões em troca de ver sorrisos mais do que radiantes no rosto do ser amado. E eis você, voltando para casa com um enorme colchão em cima do carro. Quem poderia acreditar que você chegaria a esse ponto?

Uma vida a dois cheia de paixão, em que cada um de vocês deveria se esforçar para reafirmar isso. Da sua parte, você duplica os esforços e pequenos cuidados em atenção a ele; porém, da parte dele não há mais a mínima demonstração de disposição e esforço e, consequentemente ele não vem mais correndo ao seu encontro. Você e ele se transformam numa espécie de oposição evidente e bem difícil de suportar. Ele não tem do que se queixar, você cuida da arrumação do apartamento, da comida, das compras, e ainda leva café e o jornal na cama para ele, de manhã, além dos mimos que colocou à disposição do cavalheiro, como um pacote completo de TV a cabo, com direito a tudo o que é canal de sexo, esporte, filmes etc. – evidentemente o garanhão só teria uma coisa a lhe dizer: "Te amo, gata".

No que diz respeito a você, uma coisa é fundamental, seus fracassos amorosos doeram tanto, as opiniões das pessoas mais próximas já encheram de tal maneira, que mais uma derrota amorosa a essa altura do campeonato seria uma verdadeira tragédia. Por isso, mesmo que você seja a empregada do bonitão, quem trabalha e quem paga; mesmo que seja o brinquedinho dele, seu bichinho de pelúcia, pouco importa.

Em troca de uns carinhos e uns beijos, ele vai com você aos almoços de família, nos quais finalmente você pode dar a impressão de ter dado certo na vida e aproveitar um pouco esse momento de glória pelo qual você espera desde que nasceu. É claro que agora já não dá para engatar uma marcha a ré. Seus pais estão felizes e entusiasmados, Guilherme (que está mais para ser o seu Gepeto) também. E você se transformou em um verdadeiro Pinóquio... Quando as pessoas lhe perguntam se você está feliz e a resposta é "sim", bom, o nariz desse Pinóquio vai crescendo, crescendo...

Afinal, é tão bom saber que, no escritório, todo mundo comenta sobre seu lindo namorado. Você fica tão orgulhosa e maravilhada por ser vista com um homem tão atraente, que sabe se impor ao falar e que é tão envolvente quando sorri... E, assim, nesses raros momentos em que você se dá conta de algumas das poucas qualidades do seu cavalheiro, principalmente as de ordem estética, você acaba se esquecendo de todos os (muitos) defeitos dele. "No fundo Guilherme me ama; mesmo que por vezes ele pareça indiferente, que ele nunca preste atenção no que eu digo, que nem sempre me respeite, que se aproveite do meu dinheiro, que minta em setenta por cento das vezes para mim e que ele sempre devore minha irmã com os olhos quando ela vem nos visitar... Nada disso é grave, afinal, ele é homem. É normal que ele seja folgado e despreocupado; é normal que ele seja indecente e me faça passar vergonha. Isso faz parte da virilidade dele...". Bem, pelo menos isso é o que você se esforça para acreditar.

A vida a dois não é tão fácil como se sonha, sobretudo quando um joga tudo em cima dos ombros do outro. Aí não tem equilíbrio, não tem harmonia, um transformou o outro em escravo do amor. Com palavras melosas, que ele repete a todo instante (e que já pronunciava nos outros relacionamentos), ele conseguiu criar em você uma espécie de dependência, alojou-se em sua vida e agora você não consegue mais se imaginar sem ele.

Você se acostumou a tê-lo ao seu lado quando volta para casa à noite, vendo TV, na cama, no telefone, no chuveiro, no cinema, no restaurante; em resumo, ele está com você o tempo todo e você não se sente mais sozinha. Ele a tranquiliza e a faz se sentir segura. Bem, pelo menos era isso que você achava... Pois a indiferença e a falta de respeito que ele lhe dedica no dia a dia vão rapidamente crescendo, e diminuindo seu orgulho e sua autoestima. Você já não é mais *uma mulher*, mas *a mulher dele*, a quem ele trata como bem entende. "A mulher dele", um título dito com tanto desdém, como se você fosse igual a tudo o mais que pertence a ele: sua propriedade, seu objeto, seu brinquedo...

Tudo isso não a incomodava no começo, inclusive era até um pouco envaidecedor. Mas com o tempo e todas as provas de desatenção dele, tudo isso passou a ser degradante... A cada dia ele a detona um pouco mais, usurpa um pouco mais seus direitos, apropria-se de sua vida para colocá-la a serviço dele, ele a assedia moralmente, seus bobes no cabelo o enojam, ver seu rosto quando acorda o desagrada, ocorrem brigas e mais brigas – e não são briguinhas à toa.

Ele faz o que bem entende na sua frente, e você não diz nada. Entre outras coisas, vocês se transformaram num velho casal presos a seus hábitos, do tipo que briga por qualquer bobagem. O apartamento ficou pequeno demais para os dois! Hã! E a casa com quatro banheiros que ele dizia que lhe daria? Você se sente tão traída...

Você chega à conclusão de que entrou por um cano *daqueles*! Mas, não... Você não quer aceitar. Você ainda acredita que é possível se acertar, dar um jeito nesses desencontros típicos de casal e tudo ficará melhor, como no dia em que se conheceram. O problema é que, depois, o tempo e o comportamento dele estragaram tudo.

Mas é inútil olhar para trás, tentar voltar sobre os próprios passos. Você não conseguiria... O que você deve fazer é não se deixar mais invadir pelas emoções do passado, que a enganaram e a fizeram achar que o futuro com ele seria tão saboroso quanto o primeiro jantar a dois. Passear de mãos dadas com ele na praia havia sido super-romântico.... Mas talvez você tenha idealizado demais a situação e caricaturado a vida a dois, como aquela que você via em todos os grandes filmes de amor. Você via com tanta frequência todos aqueles casais se beijando na tela, que acreditou que tudo na sua vida poderia ser tão cor-de-rosa quanto no cinema – um verdadeiro sonho.

No começo bem que foi, é verdade... Mas só porque o começo de uma relação sempre é um sonho, cada um dá o melhor de si, projeta sua melhor imagem e se desdobra nos menores cuidados o tempo todo para tentar causar uma boa impressão no outro. E é justamente essa besteira de tentar parecer o que não é que engana no início de um relacionamento. Todo mundo cai na tentação de fazer seu "numerozinho de charme". No início de um relacionamento, tendemos a querer nos mostrar melhores do que somos na verdade e, no final, como tínhamos apenas desempenhado um papel, acabamos estragando tudo.

O começo de uma relação passa sempre por uma exposição, que depois se revela totalmente falsa, mas que as pessoas em geral elaboram sem se preocupar com os resultados finais. Guilherme a enganou, você foi tapeada; ele não é aquele que fingiu ser no primeiro dia, e nunca será! O tempo acentua cada vez mais as brigas e aumenta a claustrofobia sentida nesse relacionamento. Só raramente ele é gentil com você... Em geral, muito pelo contrário, ele só a critica.

E a última parte dessa relação se anuncia, finalmente: a ruptura.

Agora, cada dia que passa é uma oportunidade para constatar o desdém dele com relação a você; cada dia que passa, mais aumenta sua sensação de coração partido, de mágoa, de mal-estar...

Você bem que tentou de tudo para manter a felicidade conjugal, você se esforçou para ser perfeita nos menores detalhes, como achava que deveria ser. Você até trazia cervejas e pizzas, quando ele convidava os amigos para assistir futebol em casa! Mas, então, o que deu errado?!

Você quebra a cabeça durante horas, dias e noites, chorando e repassando cada uma das coisas que ele disse, e cada uma das coisas que você fez, mas não encontra o menor vestígio de sua falha. Não há um próximo passo lógico e certeiro a dar nessa relação, nada do que vocês viveram revela qual foi o passo em falso que você possa ter dado, e nem te mostra a causa de tudo ter seguido por um caminho tão errado... Contudo, nada do que aconteceu é sua culpa! Você cumpriu sua parte do contrato conjugal; você foi uma mulher em todo seu esplendor e beleza; você foi doce e agradável, amável como toda mulher deve ser...

Ele simplesmente não estava à altura do seu coração. Ele não combina com você, com nenhuma de suas facetas.

Vocês são completamente opostos e nunca vão combinar. Ele não a merece e não passa de um charlatão. Foi preciso um bom tempo para você perceber, admitir e se posicionar sobre isso, mas não importa, pelo menos ele foi desmascarado como bom usurpador que é.

Para você, essa tortura foi algo que não acabava nunca! Você precisava tomar uma decisão e saber o que fazer com sua vida. Já havia consultado todo o Clube da Luluzinha: Laís, Leila, Lívia e Luíza, até a Lola, que mora a quase oitocentos quilômetros de sua casa; todas elas vieram para uma cúpula, uma grande reunião extraordinária à la G5. Mas você estava tão arrasada, completamente "passada" com os acontecimentos que ligou inclusive para a CVV, cuja caixa postal ficou repetindo por mais de quinze minutos: "Não desligue, sua ligação é muito importante para nós!".

Você estava perdida, isso é fato, e qualquer conselho poderia ajudar; mas a decisão era inevitável: o rompimento.

Isso anunciava o enterro da uma vida a dois, a separação radical, o corte de todo e qualquer contato, a interrupção dos projetos e o ponto final na estima sentida pelo outro. Essa separação anunciava uma virada em sua vida: agora sem ele, é preciso ser forte e aguentar firme. É preciso ter segurança e sentir que a atitude foi correta, e não ter dúvidas com relação à decisão tomada; Você precisa é de um homem, um de verdade, que tenha consideração por você e mereça todos os seus sacrifícios.

Todo rompimento dói mas você não pode mais nem adiá-lo, nem deixar de pensar nisso como a última hipótese.

Quando a vontade de reassumir o controle aparece, lembre-se de tudo o que aconteceu, por tudo o que você passou, e que a fez chegar a essa decisão fatal. Eu me atrevo a acreditar que você será forte o bastante para parar de espionar os menores gestos dele, e orgulhosa o bastante para não pedir notícias dele aos amigos. Espero que sua decisão seja categórica, pois ela é mais do que bem fundamentada – razões não faltam.

Você precisa saber que ele usará de tudo para tentar fazer você mudar de ideia. E você precisa enfiar na cabeça que, apesar de tudo o que ouvirá – porque, para recuperá-la, ele será capaz de fazer verdadeiras acrobacias, como declarar: "Eu te amo, caramba, você não pode fazer isso comigo", e ter ataques desesperados: "Eu não consigo parar de pensar em você, já nem durmo, não vivo mais. Me dá uma chance..." –, você tem de ser madura!

Você não é tonta, é uma mulher equilibrada e de bom senso, e entenderá que só se dá uma chance a um homem. Um homem de verdade não precisa de várias tentativas para fazê-la feliz; ele tem de conseguir isso logo de primeira, e tornar isso constante e eterno.

Em sua nova vida desejo que tenha apenas um tipo de relacionamento: relações essencialmente baseadas no respeito que ele demonstrará por você e na honestidade que ele lhe dedicará.

Não esqueça que neste mundo existem dois tipos de homens. O primeiro, extremamente raro, que gostaríamos de encontrar para que ele nos paparicasse por toda a eternidade; e o segundo, que simplesmente estraga nossa vida. Esse último despenca um belo dia no seu colo, esperando enganá-la (o que realmente consegue fazer) – e a única coisa que esse tipo faz por você é magoá-la.

Eu quero que as mulheres combatam esse tipo de energúmeno. Que elas compreendam que nenhum deles é digno de seu amor e de seu coração. Quero que as *Hitch girl* ponham em seu devido lugar esses perdedores, que acham que conseguem levar a melhor sobre você. O amor é algo para se viver a dois, com felicidade e igualdade; não é servidão, nem é pra fazer sofrer.

Não tenha pressa em se tornar um casal; não agarre o primeiro idiota razoavelmente charmoso, saído diretamente dos contos de fadas, que lhe prometer mundos e fundos. Privilegie a beleza interna, e assim você evitará as piores arapucas.

Acho que já é tempo dessa situação mudar, pois deixamos a pior espécie de otários tomar conta do mundo e, se reconhecermos nossos erros, ainda dá tempo de consertar as coisas.

Temos a vida inteira para assumir o controle, temos o mundo inteiro para encontrar nosso lugar, e cruzaremos com um monte de homens antes de tropeçar no certo. Seu olhar, sem dúvida, pousará sobre inúmeros caras com um ar surpreendentemente imponente. Seus ouvidos ouvirão centenas de lindas frases, que realmente irão parecer saídas de um conto de fadas. Seus lábios serão tocados por lábios envolventes, e os cavalheiros em questão insistirão para tê-la na vida deles. E eles persistirão: estarão em toda parte, sorrindo para você e tentando lhe passar a perna, – mas não se deixe enganar.

Um único, que combina perfeitamente com você, está à sua espera. Ele saberá provocar seu sorriso, todos os dias sem exceção. Quando seu coração o escolher, você estará pronta e aberta, verá sua imagem refletida nele e sentirá seu humilde coração se encher das mais belas doçuras.

Lembro-me, em especial, de um gênio que me disse, certa vez: "Aos bons homens, as boas mulheres; e às boas mulheres, os bons homens". Esse é um lampejo de luz que nunca vou esquecer. Você não pode combinar com alguém que não lhe corresponde e não a merece, pois não seria lógico; a relação acabaria se degradando, pois, para o mundo, um relacionamento desses é antinatural. As únicas relações que dão certo são aquelas puras e que se apresentam sob uma nobre insígnia; as que são honestas e das quais transborda doçura.

Eu não concebo relações carunchadas, que magoam e adoecem, pois nosso ecossistema já está bem perturbado, e diferentes problemas aparecem a todo instante. Não concebo tanto quanto não aprovo nem apoio nenhuma atitude que leve a enganar ou espoliar os outros. Eu não quero mais ouvir falar de mulheres que se deixam levar e acabam magoadas – não consigo entender como isso ainda aconteça em pleno século XXI. Será possível que as mães não tenham ensinado nada às suas filhas, dado a elas um guia básico de sobrevivência? Será possível que os pais não tenham avisado suas filhas para que se mantenham em alertas contra esses malditos crápulas? A mídia já não falou o bastante sobre isso? Todas aquelas séries de televisão não as ensinaram nada?

Mas agora isso não importa mais, e me atrevo a pensar que tudo isso já faça parte do passado. Uma nova vida irá começar. Acabaram-se os idiotas com cérebro de minhoca, os estúpidos que as agridem e cujas baixezas as dominarem. A revolução feminina é algo certo, baseia-se em convicções e dispõe de força psicológica e física, além de ter um sabor banhado a vitória e glória.

Pensei por muito tempo na possibilidade de criar uma organização, um movimento de luta, descolado e estiloso, ao qual as mulheres pudessem se ligar. Sou obrigada a admitir que por muito tempo hesitei, pois não sabia bem que cara dar a ele, nem como começar a pegar em armas. E, de repente, certo dia isso surgiu na minha vida, como uma espécie de continuidade lógica dos acontecimentos. Minhas crenças e meus desejos combinavam perfeitamente com a La Baronne que eu era, com os diversos discursos que eu fazia e com as ideias que defendia. A vida tinha me ensinado tudo isso, e eu sentia que tinha uma dívida considerável com relação à ela: ensinar e mostrar como alçar voo para aterrissar na pista da felicidade.

Como meu trabalho tinha se transformado na prioridade da minha vida, eu passava todo o tempo no escritório, pensando e bolando fórmulas. Eu realizava seminários, organizava conferências, promovia reuniões e passava a maior parte do tempo dentro de um avião – na primeira classe, é claro! Acabei me afastando da minha família, pois não tinha tempo para eles; acabei perdendo vários amigos, pois nossa maneira de pensar e nossa visão da vida já não eram as mesmas. Tinha sido agradável me transformar em La Baronne, mas eu havia conservado alguns amigos da Catherine Merteuil, o que foi um erro, pois Jekyll e Mister Hyde *O médico e o Monstro* nunca deixam de lutar um contra o outro e se fundir na incompreensão do outro.

Eu havia me tornado boa e humilde, mas minhas amigas tinham conservado o gosto e o vício pelo pecado... Elas continuavam tendo olhos só para a conta bancária, o *status* e a posição social de um homem – esses eram os diferentes "critérios de seleção" que nós declarávamos a portas fechadas. Quanto mais alto o limite dos cartões de crédito – até se tornarem ilimitados –, mais o pretendente tinha chance de ser escolhido. Quanto mais sofisticados eram os carros, mais os sorrisos delas se abriam; nada de adolescentes dirigindo carros tunados, o alvo eram homens – homens de verdade. Aqueles que tratam de milhões em reuniões de negócios, que têm uma casa de praia e que passam a vida em suítes presidenciais de hotéis cinco estrelas. Os que têm ações na Bolsa e, em alguns casos, lingotes no cofre. O objetivo: passar férias em Aspen e fins de semanas em iates, e mantendo o mesmo luxo à noite, tanto ao se exibir nos camarotes VIPs das baladas da moda quanto ao frequentar os bares regados à champanhe nos mais caros hotéis.

Era com o dinheiro que elas queriam ter um relacionamento amoroso. O amor por um homem era um sentimento completamente sem importância para elas e, com frequência, elas riam disso. Elas só viviam para o dinheiro e os diamantes – para elas, esse era o significado do sucesso na vida. Elas solenemente se lixavam para o sentimento dos homens. Aliás, para essas mulheres, talvez esses sentimentos nem sequer existissem. Esses tipos não passavam de máquinas de dinheiro, de bilhetes premiados e acessórios de luxo. Não enxergavam neles os sentimentos, nem as fragilidades e não se davam conta de que eles tinham um coração. Só tinham um objetivo: garantir o papel delas de Catherine Merteuil. E ninguém iria romper com isso...

Eu rompi com esse clã e joguei tudo para o alto.

Desde pequena eu já era cega por esse anseio, meu único objetivo era ter mais, cada vez mais; e o papel de Catherine Merteuil me dava tudo o que eu sempre quis ter: o coração, as lágrimas e o dinheiro dos homens.

Mas, eu não me encontrava mais nessa personagem; os anos iam passando e eu sentia que já não estava mais atuando conforme minha essência. Aliás, eu não punha mais fé nessa atitude, e agir de um jeito tão mau caráter me perturbava. Eu precisava escolher um lado do campo de batalha. Precisava me posicionar e decidir se queria continuar me vingando dos homens e agindo como se isso fosse uma finalidade para a vida. Então percebi que a vingança não me fazia feliz e que estava perdendo tempo precioso nessa empreitada.

Eu decidi, por tudo o que eu buscava e por tudo o que eu acreditava, que não perderia mais tempo assim. E pensei: Por que provocar lágrimas, quando se pode enxugá-las? Por que fazer as pessoas infelizes, quando se pode fazê-las felizes? Por que me tornar triste, se eu podia ser a criatura mais feliz deste mundo? Eu havia sido estúpida. Eu havia sido triste. Agindo de forma injusta com os homens, eu tinha deixado escapar um homem excepcional, que atualmente estava casado e tinha dois filhos – e no qual eu ainda penso.

Henrique é daquele tipo de homem que a gente quer ter para toda a eternidade. Ele era motorista de táxi e, quando o vi parado, dentro daquele *jeans* bem cortado e daquela camisa branca com as mangas arregaçadas, quando vi aquele sorriso e aquele olhar... meu coração parou. Eu senti que ele era um sujeito maravilhoso, e tinha razão, ele é bem mais do que isso.

Para conhecer aquele deus, não havia muitas soluções, nem muito o que pensar: subi no táxi dele para uma corrida rápida, inventada na hora (coisa que eu já havia feito antes). Nós conversamos, havia tensão no ar; a atração era mútua, havia um clima e uma química entre nós, que sugeria que um já estava interessado no outro (e havíamos só acabado de apenas conhecer). Além disso, num lance de sorte, ficamos sabendo coincidências surpreendentes: ele era amigo íntimo da minha família e meu pai era alguém que ele estimava e considerava muito. Isso nos aproximou por um lado, mas nos afastou por outro.

É verdade que ele me virou a cabeça, isso é fato, mas nós não tínhamos as mesmas expectativas. Ele queria um compromisso, eu não. Ele me pediu em casamento, eu recusei. Eu tinha vinte e um anos, era jovem demais, má demais e a profissão dele era degradante demais para mim. Afinal, eu ainda era uma Catherine Merteuil e, apesar de meu coração ter sido tocado, nas minhas relações a posição social era fundamental.

Eu tinha dificuldade em lidar com o fato de ele ser motorista de táxi. Como contar isso para as pessoas? Eu, tão metida e imponente em tudo o que eu representava, como assumiria essa relação tão improvável? E, principalmente, como aceitar isso? Eu que havia sonhado que o homem da minha vida seria alguém poderoso, com ares de importante – um homem que seria servido, e não um homem que serviria aos outros. Um príncipe, eis o que eu queria.

Henrique era único, mas eu só me dei conta disso tarde demais. Talvez ele ainda fosse uma pedra preciosa em estado bruto, mas, seguramente, é um dos homens mais respeitáveis deste mundo. Cinco anos mais velho do que eu, ele era o homem perfeito para mim, descendente de italianos, tinha um olhar profundo, daqueles que quando pousam sobre você, no mesmo minuto você sente o quanto é desejada. Ele era adorável, sensato, carinhoso e respeitador. O tipo de sujeito que parece ter saído de um contos de fadas.

Mas ele tinha os pés bem no chão e eu, infelizmente, queria conquistar o universo. Ele era o tipo de homem que se encantaria com uma simples comida chinesa entregue em casa, enquanto eu era uma garota para quem nem um jantar no melhor hotel cinco estrelas da cidade era o bastante. Ele não estava interessado em dinheiro e poder, e eu era louca pelos dois. Para ele, os valores humanos eram o que realmente importava. Com o tempo eu entendi que ele tinha razão e, até hoje, ele é uma bela referência para mim.

Eu me amaldiçoei durante muito tempo por tê-lo deixado escapar... Eu havia me agarrado a falsas crenças e imaginava minha felicidade onde não estava nem nunca estaria. Henrique representava muito para mim, mas meu gênio intempestivo e indomável daquela época e, sobretudo, meus valores egocêntricos não deixaram que eu cedesse. Eu tinha muitas restrições, ainda tenho, mas hoje em dia eu sou La Baronne, e aprendi muito com o passado. Apesar do gosto pelo luxo ainda ter um lugar bem importante na minha vida e da minha gana por uma riqueza ainda ser ardentemente pronunciada, eu soube como fazer as coisas e combinar alegremente tudo isso com o amor.

Boa parte das mulheres é sonhadora e ingênua demais; e nem sempre têm a determinação necessária para atingir a felicidade. Eu sou mulher e sei como as mulheres funcionam, conheço nossos medos e nossas dúvidas. Sei o quanto queremos aquele diamante; que queremos nossas melhores amigas ao nosso lado e um homem forte, que nos dê segurança e tranquilidade, por toda a vida. Sei que queremos alcançar o equilíbrio e ter planos de uma vida em que tudo o que for necessário à nossa felicidade se encaixará lindamente: reuniões de negócios, tardes inteiras fazendo compras, manicure e massagem, fins de semanas no SPA, viagens internacionais, morada e malhação com um *personal trainer*. Resumindo, uma vida perfeita, em que tudo se combina. E o fato de ainda não ter, ou de não ter o tempo todo, os elementos desse conjunto, às vezes, provoca em nós incomensuráveis sentimentos de derrota.

Mas nós não vivemos dentro de um conto de fadas moderno e não podemos pensar que sim. As relações amorosas são o que mais perturba nossa cabeça e nossa vida e sem isto resolvido nada material irá ocupar o lugar. Quando e como reagir? Perguntas que não saem da nossa cabeça. Mas acho que tenho as respostas.

Porém, conhecer o amor tão profundamente nem sempre é uma vantagem, pois as surpresas param de acontecer e os pretendentes, que encontramos aos milhares, já não têm nenhum segredo a revelar. Os homens raramente causam impacto sobre mim. Não posso me permitir estar ao lado de um qualquer um. Mas, uma coisa é certa, hoje, pouco me importa a grana ou o sobrenome do cara, meus critérios de seleção são estabelecidos de acordo com minhas experiências e meus valores. Eu não me refiro exclusivamente ao dinheiro que ele tem no banco, mas também ao que ele é no conjunto: seu coração, sua alma e sua mente. E, devo admitir que eu os comparo, com frequência, ao Henrique e me pergunto se eles são tão maravilhosos quanto ele.

Poucos são os que chegam aos pés dele, e muitos são os que me fazem perder tempo tentando me provar, custe o que custar, que eu sou (citando as palavras que ouço) "a mulher da vida" deles. Outros tentam me engabelar, jogar uma lábia e me enfeitiçar, mas esses não têm a menor chance, pois eu saco quem eles são a quilômetros de distância.

Quando se consegue atingir um grau desses de conhecimento, enquanto a maioria das pessoas vive atolada na incompreensão, tem-se o ímpeto de agir sempre – e isso se transforma em um dever. Eu gosto desse dever. E quero tê-lo para sempre.

Você precisa saber que as relações humanas fazem parte de uma psicologia superprofunda e rigorosa. O ser humano, com suas emoções, seus hormônios e seu temperamento, é supercomplexo. Mas é verdade que os Homens (com H maiúsculo) se calcam todos nas mesmas necessidades para sentirem que existem e que ainda têm vontade de viver: o sentimento de eternidade, a autorrenovação e, principalmente, o anseio de vivenciar coisas novas constantemente.

É nesse sentido que minhas diretivas interveem, para que você aprenda a dar ao outro o que ele está procurando (o novo, a vida), mas sem que ele saiba disso. Criar jogos e fazê-lo esperar, para aguçar seu apetite; despertar suas emoções e deixar que sua imaginação crie asas. Deixá-lo agir sempre, para que ele ache inconscientemente que você é seu novo e constante objetivo, pois quando um ser humano tem tudo o que deseja, ele se entedia e se aborrece. De que serve viver se mais nada nem ninguém nos surpreende? Como ser feliz se já vivenciamos tudo e não temos mais nada a viver?

Com o amor, isso acontece do mesmo jeito: como é que um homem pode ser feliz se ele já possui você e, ainda por cima, já sabe tudo sobre você? Você já é algo conquistado, garantido e sem surpresas. Como é que ele ainda pode querer *conseguir* você, se ele já *tem* você? Como é que ele pode querer passar um tempo com você, se não há mais segredos a desvendar a seu respeito?

Por isso, de cara tenho três conselhos básicos para lhe dar:

1 "Siga-me e eu fugirei de você; fuja de mim e eu a seguirei" – essa máxima é incontestavelmente verdadeira, por isso, trate de colocá-la em prática.

Minha primeira consideração com relação a isso é a questão da distância física, essencial para manter uma relação a longo prazo. Quanto mais seu homem a vir, mais se habituará e cairá na rotina – e, mesmo que ele negue, com o tempo ele passará a desejá-la menos.

Oriento as mulheres a manter um pouco a distância, a ficar na retaguarda, deixando seu Don Juan em uma constante corrida desenfreada. Nos primeiros encontros, não responda logo de cara quando ele telefonar, não aceite logo de cara os convites que ele fizer, economize no número de telefonemas para ele e, em hipótese nenhuma mande mensagens de texto.

Encurte os encontros, fugindo como Cinderela, e desligue o telefone antes dele, para deixá-lo com gostinho de quero mais. Quando estiver "falando" com ele, seja por Skype, torpedos ou *e-mails*, depois da terceira troca de mensagens, pare de responder, e faça isso sem aviso prévio, para deixar o dito cujo quebrando a cabeça, com a pulga atrás da orelha, pensando e tentando entender como você funciona: afinal, você não é uma mulher comum.

Faça com que ele a deseje. E, lembre-se, o desejo está relacionado a dois comandos: distância e aparência estética.

2 "Cinderela era a jovem mais linda do baile", eis por que o príncipe encantado se apaixona por ela e, no final da história, a leva em seu cavalo branco...

Ela é uma mulher irretocável e tem um corpo dos sonhos. Ela é a mais linda de todas as mulheres e sua beleza provoca olhares de cobiça de todos os convidados do baile e desperta o ciúmes das mulheres, principalmente de suas meia-irmãs.

Um homem tem de se sentir maravilhado para desejá-la – e a primeira impressão é a que fica. Infelizmente, o primeiro contato entre as pessoas se faz pelo olhar e, em noventa e nove por cento dos casos, o que causa o primeiro impacto é sua aparência e/ou sua atitude. Se ele ficar intusiasmado, então dará o primeiro passo.

Por isso você deve estar sempre impecável e irretocável. Mesmo em dias de chuva ou de melancolia, você precisa estar assim, pois a chama do desejo tem de ser mantida acesa. E, se você quiser vê-la durar por muito tempo, é importante renová-la a cada dia. É importante provocar a surpresa e conservar, permanentemente, essa "nova" você, esse seu lado bonito e vaidoso.

De maneira rigorosa, tenha sempre em mente: você não é uma mulher qualquer.

3 "Quem espera sempre alcança", essa regrinha também é bem útil.

Você está à espera de um homem excepcional, que ocupará um papel muito importante na sua vida. Você está à procura dele e já o idealiza. Mas não seja ingênua o bastante para achar que ele pode estar escondido dentro de algum desses homens que você costuma conhecer.

Principalmente, nunca aceite como prêmio de consolação um dos inúteis que cruzaram seu caminho usando uma máscara qualquer, pois esse homem que você quer não se sacrifica nunca, não se revela à toa... Mas pode fazer isso por sua causa.

Esse homem que você procura vai olhar para você pelo resto da vida, como olhou no primeiro dia em que lhe viu. Ele seria capaz de viajar de carro por dez horas, e ainda tomar uma multa por excesso de velocidade, só para ver a mulher amada por algumas horas e contar que está loucamente apaixonado por você.

Ele é desses que têm um coração nobre e se dispõem a secar todas as suas lágrimas. Esqueça os Don Juans que acham que todas as mulheres se matariam por um sorriso deles. Deixem esses imbecis que não sabem respeitar uma mulher – sem dúvida, traumatizados pela própria feiura durante a infância – sumirem da sua vista.

O homem que você procura dispõe de todas as chaves, ele sabe o que fazer e como fazer, e saberá o que dizer e como dizer. Quando o encontrar, tudo ficará evidente, será um encantamento ainda melhor do que você tinha imaginado.

E, nessa busca pelo Graal, não é preciso correr nem se precipitar, mas se dedicar a uma procura suave e paciente, cumprindo etapa por etapa, colocando cada tijolinho desse edifício.

Para seguir esses conselhos, será preciso dar provas de seu caráter e de sua determinação. Você não poderá ser indecisa em suas escolhas, tem de pensar detidamente nelas, de modo maduro, e colocá-las em prática. É preciso ter foco e se fixar em um único projeto de vida, de acordo com os novos objetivos que você estabelecerá.

Agora, em sua nova qualidade de *Hitch girl*, mulher poderosa e completa, será preciso respeitar seus compromissos, manter as promessas feitas e enxergar na vida muito mais do que ela mostra.

Agora, uma coisa está clara: suas dúvidas precisam ser dissipadas e seus medos, eliminados. Você precisa ter consciência de que ser feliz só depende de você mesma – e que é chegada a hora de conquistar isso.

Afaste para sempre os pensamentos negativos que rondam em sua cabeça diariamente e resgate o que é simplesmente estar de bem consigo mesma. Pode parecer um pouco abstrato, mas você poderá reaprender isso por meio de gestos e atitudes simples, revisitando seus pensamentos e remodelando-os. Faça sua dor, seu sofrimento e sua mágoa desaparecerem. Está mais do que na hora de entender que você já perdeu tempo demais com lágrimas e lamúrias... Reencontre a dinâmica de vida que você tinha antes – ou até mesmo desenvolva uma harmonia que você nunca havia vivido anteriormente –, o importante é aceitar a si mesma da mais bela maneira.

Bem, eu prometi a mim mesma consertar todos os corações partidos. E manterei essa promessa. Parece um objetivo utópico, eu sei, mas quando se conhece, como eu conheço, tantas mulheres que sofrem e que pedem ajuda, isso é ainda mais impressionante.

Decidi escrever este livro para alcançar um público maior, isto é, para ensinar o máximo de pessoas possível. Ter acesso a milhares de mulheres é bom, mas a milhões é melhor ainda. Ele é o primeiro passo da revolução feminina que você decidiu empreender comigo. E espero que assim você consiga despertar a *Hitch girl* que existe dentro de você.

Eu sinto tanta gana, sinto-me tão determinada em minha tarefa! Não posso ignorar a infelicidade das mulheres quando, na verdade, tenho armas para acabar com ela. Passar o dia fazendo compras é bem legal, mas acrescentar a isso o sentimento de felicidade será melhor ainda. Hoje, a *expert* em sedução sou eu, mas quero que, daqui por diante, seja você.

Para ter o respeito dos homens, basta querer, basta impor essa nova mentalidade. Eu consegui – eu, a ex-adolescente magrela – e me atrevo a afirmar que você também conseguirá.

Eu quero que você comece uma nova vida, mas, dessa vez, assumindo o controle dela. E, é então que, de repente, você conquistará tudo aquilo que sempre lhe fez tanta falta.

Quanto a mim, sou obrigada a admitir não ter conseguido muito sossego, ultimamente.

Realmente a conclusão deste livro me deixou obcecada, eu não sabia muito bem como terminá-lo. E, se eu quis lhe dar um fim apoteótico, digno do fim *Star Wars*, é simplesmente porque eu acho que você merece. Este livro é um presente que eu quis dar às mulheres, pois, pelo que eu saiba, não existe outro livro assim dedicado às mulheres.

Espero ardentemente ter conseguido cumprir minha tarefa, a de tê-la orientado de alguma forma. Eu me questionei se você se sentiria realmente mais tranquila e se eu havia sido mesmo útil a você capaz de fazê-la feliz.

Quero você continue pensando o tempo todo nisso, e, que eu fique a seu lado pelo resto de sua vida. Na verdade, eu não me dei por satisfeita com todas as mulheres que já conheci, e mesmo todas essas horas que passei escrevendo este livro não saciaram o meu desejo de ajudar as mulheres. Assim, minha luta continua, e espero que a sua também. Aí, então, eu sorrio e penso que preciso agradecer a você e a todas as mulheres.

Finalmente minha caneta chegou ao fim: a jovem La Baronne, que as pessoas chamam de *Hitch girl*, *expert* em sedução, calça novamente seus sapatos de salto Gucci, veste de novo seu casaco Burberry, não se esquece de passar o *gloss* Lancôme, o rímel MAC e o *blush* Terracotta da Guerlain, nem de pegar sua bolsa Balenciaga, e declara com orgulho que ao virar a última página deste livro você começará, alegremente, um novíssimo percurso. Será um belo começo – bem, simplesmente um novo começo de vida.

***

Este livro foi composto em
Avenir Lt Lsd e Edwardian
para a Leya em janeiro de 2011.